群馬

こだわりの美食GUIDE

至福のランチ＆ディナー

ゆたり編集室 著

Mates Publishing

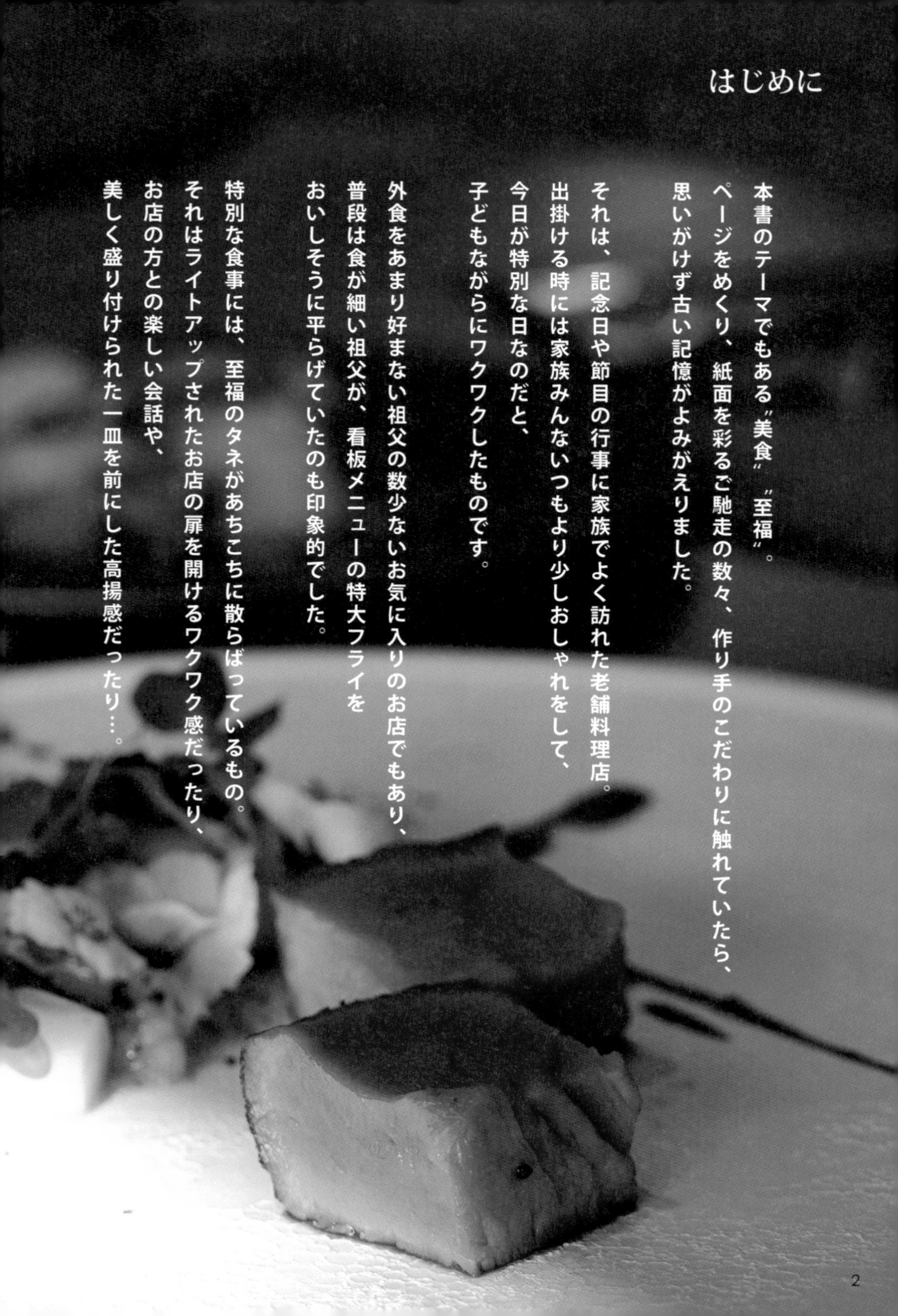

はじめに

本書のテーマでもある〝美食〟〝至福〟。
ページをめくり、紙面を彩るご馳走の数々、作り手のこだわりに触れていたら、
思いがけず古い記憶がよみがえりました。

それは、記念日や節目の行事に家族でよく訪れた老舗料理店。
出掛ける時には家族みんないつもより少しおしゃれをして、
今日が特別な日なのだと、
子どもながらにワクワクしたものです。

外食をあまり好まない祖父の数少ないお気に入りのお店でもあり、
普段は食が細い祖父が、看板メニューの特大フライを
おいしそうに平らげていたのも印象的でした。

特別な食事には、至福のタネがあちこちに散らばっているもの。
それはライトアップされたお店の扉を開けるワクワク感だったり、
お店の方との楽しい会話や、
美しく盛り付けられた一皿を前にした高揚感だったり…。

幸せの香り、おいしかった瞬間は時間が経ってもなお、
鮮やかに記憶を彩ってくれます。

あなたのランチ、ディナーには、どんな思い出がありますか？
本書を開けばきっと、
記憶に残る美食との出合いが見つかります。

最後になりましたが、大変な時期にお忙しい中、
本書の制作に当たってご協力くださいました
お店の皆さまに
心より感謝申し上げます。

もくじ

前橋周辺のお店

高崎周辺のお店

太田・桐生周辺、その他のお店

本書の使い方

店名・料理のジャンル・特別のカテゴリーを表示しています。

■特別のカテゴリーの種別

大人な時間
長く愛される老舗
地産地消
和モダン
リノベーション・古民家

●お店の基本情報・メッセージです。年末年始の休業日や臨時休業は含まれておりません。
●メニューは特別な記載がない限り税込み表示となります。
●アクセスは最寄りの駅やICからのご案内です。

※本書の情報は2020年6月現在のもので、平常時のものを記載しています。新型コロナウイルス感染拡大の影響により、営業日・営業時間、座席数や予約の必要など、営業内容を平常時から変更している場合がございます。
※料理の内容は撮影時のものです。季節やその日の仕入れによって内容が異なりますのでご了承ください。

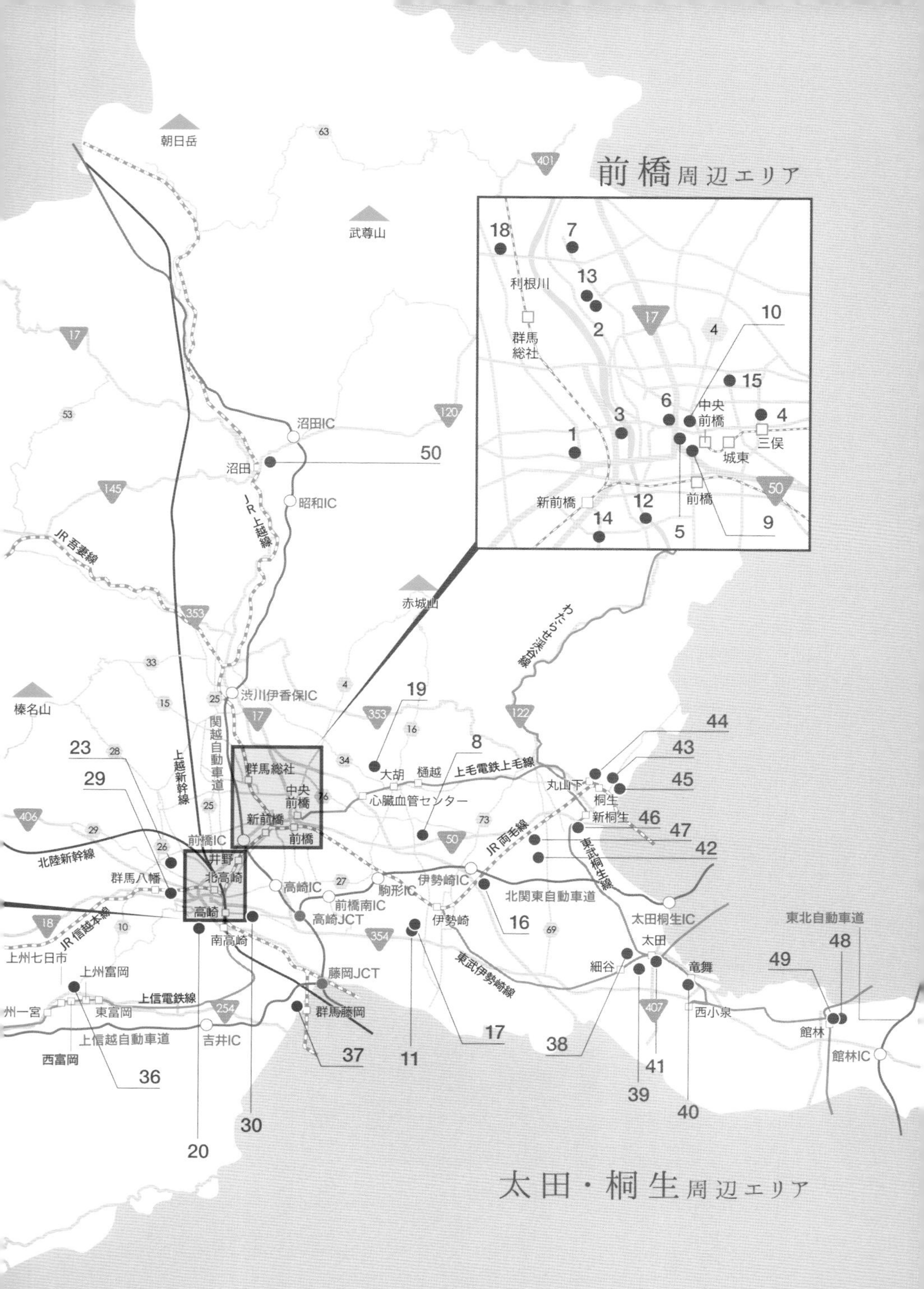
前橋周辺エリア
太田・桐生周辺エリア
朝日岳
武尊山
赤城山
榛名山
沼田IC
沼田
昭和IC
JR上越線
JR吾妻線
渋川伊香保IC
関越自動車道
上越新幹線
北陸新幹線
群馬八幡
前橋IC
井野
北高崎
高崎
南高崎
JR信越本線
上州七日市
上州富岡
上信電鉄線
州一宮
東富岡
西富岡
上信越自動車道
吉井IC
群馬藤岡
藤岡JCT
高崎JCT
高崎IC
前橋南IC
駒形IC
伊勢崎IC
伊勢崎
東武伊勢崎線
北関東自動車道
群馬総社
中央前橋
新前橋
前橋
大胡
樋越
上毛電鉄上毛線
心臓血管センター
JR両毛線
わたらせ渓谷線
丸山下
桐生
新桐生
東武桐生線
太田桐生IC
太田
細谷
竜舞
西小泉
東北自動車道
館林
館林IC
利根川
城東
三保
63
401
17
120
53
145
353
33
15
25
4
16
34
28
406
29
26
76
73
50
27
122
18
10
354
254
407
69
1
2
3
4
5
6
7
8
9
10
11
12
13
14
15
16
17
18
19
20
23
29
30
36
37
38
39
40
41
42
43
44
45
46
47
48
49
50

前橋周辺エリア

高崎周辺エリア

太田・桐生周辺、その他のエリア

高崎周辺エリア

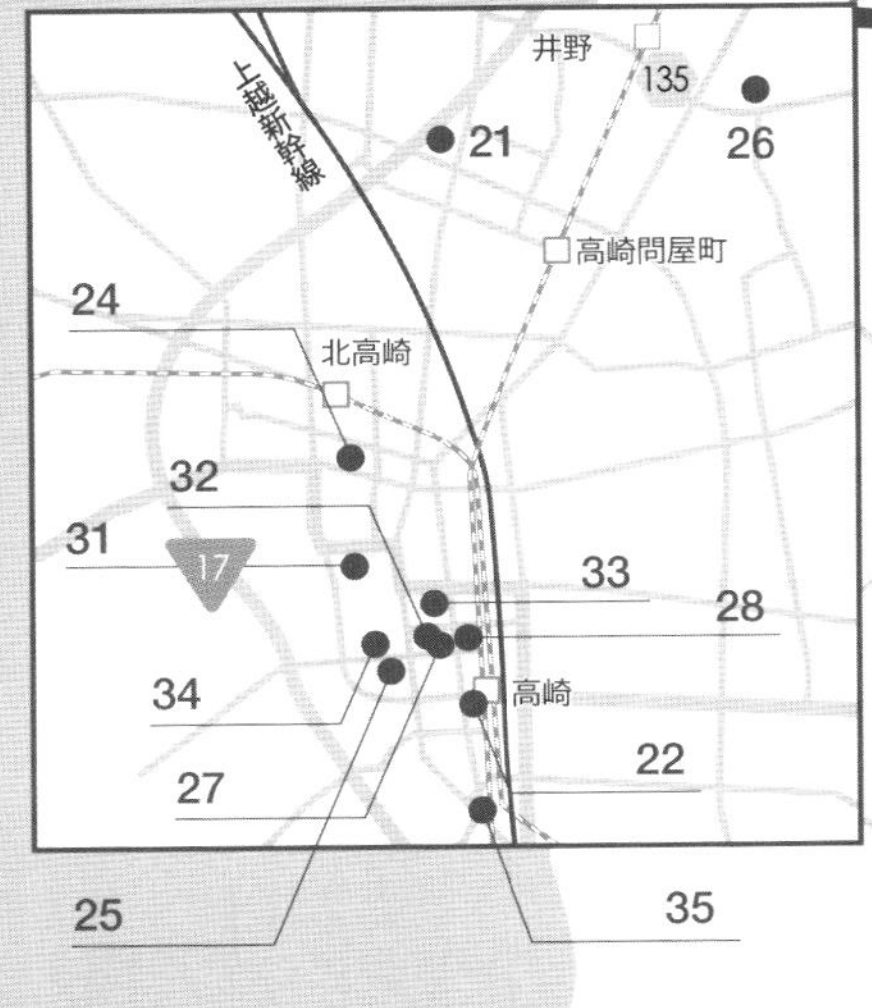

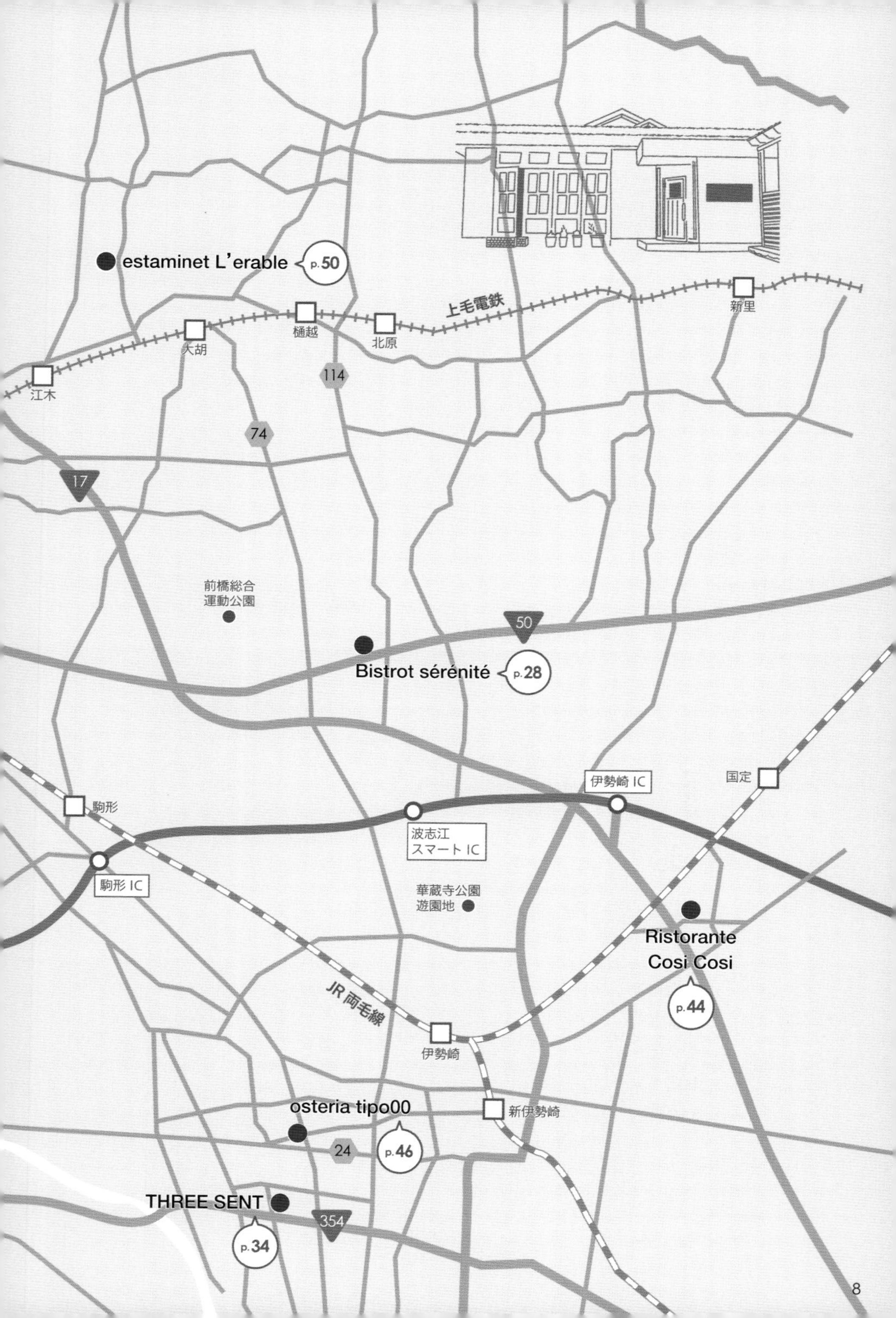

estaminet L'erable
p.50
上毛電鉄
新里
樋越
北原
大胡
江木
114
74
17
前橋総合
運動公園
50
Bistrot sérénité
p.28
伊勢崎 IC
国定
駒形
波志江
スマート IC
駒形 IC
華蔵寺公園
遊園地
Ristorante
Cosi Cosi
p.44
JR 両毛線
伊勢崎
新伊勢崎
osteria tipo00
p.46
24
THREE SENT
354
p.34

前橋
周辺のお店

MAEBASHI

百名山の赤城山や街中を流れる利根川、広瀬川など、豊かな自然と都市が調和する前橋エリア。農業も盛んな土地柄、県産食材を積極的に取り入れるお店も多く見られます。多彩な食を感じられる19軒をご紹介します。

情熱の国・スペインの魅力満載！
本場の雰囲気で味わう絶品料理

大人な時間

baru Publo

バル パブロ

スパニッシュ（前橋市）

01

03

04

02

本場スペインの街角に点在する小さな酒場「バル」をそのまま体現した「baru Publo」。夕暮れ時、イルミネーションがオープンを告げると、南ヨーロッパの情緒溢れる雰囲気が漂います。扉を開け、一歩足を踏み入れると、まるで異国の盛り場を訪れたような錯覚に。誰でもふらりと立ち寄れる気軽さと居心地の良さが人気です。

「今を生きる喜びを思い切り感じてほしい」と、情熱溢れる店主が提供するのは、素材の力を生かした絶品スペイン料理の数々です。定番のアヒージョをはじめ、少しずつ色々な料理を楽しめる小皿料理「タパス」を豊富に用意。「クスクス」と呼ばれるパスタや大皿料理のパエリア、肉料理など、オリーブオイルやガーリックが食欲をそそるメニューも多彩にラインナップ。ワインやビールと一緒に味わえば、全身にエネルギーがチャージされるのを感じるはずです。

05

01／食欲をそそる料理の数々でエネルギーをチャージ。02／アルコールも豊富にラインナップ。03／夕暮れ時に灯るイルミネーションが人々を誘います。04／海の香りが食欲をそそる「魚介とイカスミのパエリア」。05／パエリアとワインで乾杯する手の背景には星空が。パブロで生まれる出会いと笑顔、活気に満ちた夜を表現しています。

06

07

スペインの食習慣「バル」を前橋で楽しめると人気の同店。その本格的なスペイン料理のおいしさは、常連客はもちろん、評判を聞きつけて遠方から訪れる人の多さが証明済み。味と雰囲気、サービス、どれをとっても高く評価されています。

ちょっと帰りに一杯という夜や、仲間とにぎやかに楽しみたい夜など、さまざまな場面で訪れたい店です。笑顔溢れる楽しい雰囲気の中で気取らず飾らず過ごす時、新しい出会いが待っているかもしれません。

同店の人気メニューを家庭でも味わいたいという時には、テイクアウトもおすすめ。アヒージョは、出来たてを味わってもらおうと、あえて火を通す前の状態で提供。家で火にかければ、熱々を堪能できます。ぜひ気軽に利用してみてください。

06／スペインの小さな酒場をそのまま体現した店内は気軽な雰囲気。07／熱々を召し上がれ「ホタルイカのアヒージョ」。08／暖かい季節には、テラス席で開放的な宴を。09／楽しい会話が交わされるカウンター席では、新しい出会いが生まれそう。10／オーナーシェフの西山さんが、情熱と心を込めて調理。11／味わい深いプロシュートがたっぷりの「パンコントマテ」。

MENU

DINNER

タパス	¥528〜
アヒージョ	¥693〜
サラダ	¥748〜
パエリア	¥2,035〜
パーティーコース	¥2,500〜（4名〜）
ワイン グラス	¥583〜
ボトル	¥3,080〜

㊟ 前橋市元総社町1-3-11-101 TEL 027-212-2105
営 火〜木曜、日曜 17：00〜0：00、
金・土・祝前日 17：00〜翌1：00
休 月曜、第1・第3日曜
URL https://publo-maebashi.com/
¥ カード使用可 予 予約可
席 28席＋テラス席10席、テラス席のみ喫煙可
P 15台

| ACCESS |
新前橋駅から北へ約2.2km（車で約6分）

おいしい料理で「今を生きる喜び」を全身で感じてください！

コメント／オーナーシェフの西山史浩さん
写真／お店のロゴマーク

一皿ごとにもたらされる驚きと感動
美しく繊細なイタリアン

地産地消

Dal Cuore

ダル クォーレ

イタリアン（前橋市）

01

敷島公園ばら園のほど近くに佇《たたず》む瀟洒《しょうしゃ》なレストラン。腕を振るうのは、イタリアの二つ星レストランをはじめ、国内外で腕を磨いた鈴木伸朋シェフ。イタリア料理の基本を大切に、独自のエッセンスを加えた「ここでしか食べられないイタリアン」を提供しています。「ゆっくり食事を楽しんでほしい」との想いから、昼夜ともにコースのみ。地元農家から仕入れる無農薬野菜や、全国から厳選したブランド肉など上質な食材を用い、カンガルーや雷鳥など珍しい食材も取り入れています。

「おいしいのはもちろん、楽しいと感じていただける料理を意識しています」と話す鈴木シェフ。前菜からドルチェまで、単調にならないよう味や香りに変化を持たせ、器や盛り付けにもこだわった一皿は、運ばれてくるたび思わず感嘆の声が上がります。

　取材日のコースを一例にとれば、絵画のように彩られた前菜「カプ

01・05／「ズワイガニと甘海老のカンネッローニ冬トリュフ添え」（料理写真はすべておまかせ1万円コースより）。目の前で削られる冬トリュフの芳醇な香りにうっとり。02／ピュアな味わいのビオワインがそろいます。03／トマトをくり抜き生姜でマリネしたプチトマトと、水牛のモッツァレラチーズを詰めた「カプレーゼ Dal Cuore 仕立て」。04／「バッカラマンテカートのカダイフ包み」。

06

07

レーゼ ダル クォーレ仕立て」は、花穂紫蘇《はなほじそ》とバルサミコソースが味のアクセントに。自家製ラザニア生地でベシャメルソースを包んだ「ズワイガニと甘海老のカンネッローニ」の仕上げには、濃厚な香りの冬トリュフをゲストの目の前でたっぷりと。「宮崎県産尾崎牛のロースト」には、自家製の赤ワイン塩と山椒のような風味のティムトペッパーが添えられ、一皿で味の変化が楽しめるよう工夫が施されています。

料理とともに楽しめるのは、ぶどうの果実味溢れるビオワイン。仕入れてから最低1年は熟成させ、飲み頃を見極めて提供しています。

人気店となっても探究心は尽きることなく、２０１９年には日本イタリア料理協会主催のコンテストに挑戦。見事グランプリに輝きました。「お客さまに心から満足していただけるよう、料理、サービスともに高めていきたい」と鈴木シェフ。更なる進化も楽しみな一軒です。

06／「目が行き届く範囲で心からおもてなししたい」と席数は少なめ。07／パンも自家製。08／第2回イタリア料理コンテスト「Premio ACCI」でグランプリを獲得した「クアトロフォルマッジ Dal Cuore仕立て」。09／料理ごとにこだわりの器で目を楽しませてくれます。「幻の和牛 宮崎県産尾崎牛しんたまのロースト」。10／「ホッキ貝と津田さんの芽キャベツのソテー ジャガイモのクランブルとともに」。11／「漁港直送 氷見の寒ブリ カラマンシービネガーのソース」。12／「長期熟成ゴルゴンゾーラのブリュレ」。

MENU

LUNCH

MENU A	¥2,200
MENU B	¥4,070
Degustazinone（シェフお任せの全8皿）	¥6,600

DINNER

MENU A	¥4,620
MENU B	¥6,600
おまかせコース	¥7,700～¥13,200

ダルクォーレはイタリア語で「心から」という意味。心を込めた料理とサービスで、おもてなしいたします。

㊟ 前橋市敷島町247-14 1F
℡ 027-888-9035
営 12:00～15:00（L.O.14:00）、18:00～23:00（L.O.21:30）
休 日曜、第2月曜
URL http://www.dalcuore2017.jp
¥ カード使用可（ディナーのみ）　予 予約可（予約がおすすめ）
席 10席　P 8台

ACCESS

群馬総社駅から敷島公園方面へ約4.3km（車で約12分）

オーナーシェフの鈴木伸朋さん

旬の食材をふんだんに
季節感溢れるイタリア料理

大人な時間

イタリア料理 LEGAMENTO

レガメント

イタリアン（前橋市）

01

閑静な住宅街に佇《たたず》む隠れ家的なイタリア料理店。在日イタリア商工会議所からＡＱＩ（イタリアンレストラン品質認証マーク）の認定を受けた同店は、前橋に居ながらイタリア料理の伝統的なレシピやポリシーが楽しめると評判です。料理を手掛けるのは、オーナーシェフの田中さん。県内の人気レストランをはじめ、ローマ、リボルノ、サンダニエーレといったイタリア3都市のレストランで調理を経験。２０１５年７月のオープンから変わらないスタンスは「四季と生産者の思いを大切にすること」。契約農家から仕入れる食材を中心に、素材の持ち味を生かした季節感溢れる料理を提供しています。

料理と一緒に楽しむワインのこだわりも同店ならでは。自然派を中心としたイタリアワインを70～80種常備。ボトルが飲みきれないという人には、店内のワインサーバーに用意されたシェフセレクトがおすすめです。開けたてのおいしさのまま、希少なワインをグラスで楽しめます。

03

04

02

01・03／メニューはアラカルトとコースを用意。四季と生産者の思いを大切にしたシェフの料理は、ひと口ごとに素材のおいしさが口の中に広がるやさしい味わいが特長。02・04／テーブル席とソファー席がゆったり配された大人な空間。グループでの会食に最適な8名用の半個室も完備。幅広いシーンで活用できます。

MENU

LUNCH

Pranzo B	¥1,364
ランチパスタコース	¥1,773
Degustazione di pranzo	¥2,273

DINNER

パスタコース2	¥3,000
ウノコース	¥4,546
ドゥエコース（要予約）	¥6,500～

※全て税別表記

ワインと一緒に旬のおいしさを楽しんでください。

オーナーシェフの田中英明さん

㊟ 前橋市石倉町5-6-2 TEL 027-212-2183
営 11:30～15:00（L.O.14:00）、18:00～22:00（L.O.21:30）
休 火曜、月に1回連休あり（不定）
URL https://legamento.owst.jp/
予 予約可
席 テーブル25席、半個室8席

ACCESS

前橋駅から群馬県庁方面へ約3km（車で約10分）

豊かなイタリア食文化を厳選素材で提案
通も納得のリストランテ

地産地消

Ristorante Sorgente

リストランテ ソルジェンテ

イタリアン（前橋市）

01

イタリア各地で5年間の修業を積んだオーナーシェフが、本場の豊かな食文化を提案するリストランテ。シェフの感性でアレンジした、オリジナリティー溢れるイタリアンを堪能できます。

自家栽培の無農薬野菜や自家製パンなど、食材には徹底的にこだわり、厳選した旬のものだけを使用。季節感たっぷりの彩り豊かな料理でもてなします。

メニューはコースのほか、その日のおすすめ一品料理も豊富に用意。自分だけのコースに仕立てることもできます。

「イタリアは地域によって食文化が全く違います」と話すシェフ。多彩な味を楽しんでもらおうと、サルデーニャ島の羊のチーズ「ペコリーノサルド」を使ったコク深いリゾットなど、なかなか味わえないメニューも提案。「森そだちサーモン」などの地元の優れた食材も積極的に取り入れ、そのおいしさを伝えています。

03

02

05

04

01／前菜盛り合わせ・本日のパスタ（上州麦豚と赤城高原キャベツのオイルパスタ）・自家製パン・コーヒーがセットの「ソルジェンテランチ」（1,430円）。02／赤城で育った群馬県産「森そだちサーモン」を使った、華やかな彩りのパスタ（1,540円）。03／シックなインテリアが落ち着いた雰囲気を醸し出す、イタリアの小さなリストランテをイメージした店内。04／野菜やハーブは無農薬の自家菜園でオーナー自ら栽培。05／目の前で仕上げる、イタリア・サルデーニャ島の羊のチーズ「ペコリーノサルド」のリゾット（1,540円）。

MENU

LUNCH

ソルジェンテランチ	¥1,430
本日のおすすめ料理	+¥660
デザート3種盛り合わせ	+¥660

DINNER

パスタ	¥1,430～
おすすめ料理	¥660～
おまかせコース（要予約）	¥4,400～

イタリアのさまざまな地方の料理で、食の豊かさ、楽しさをご堪能ください。

オーナーシェフの稲村哲男さん

(住) 前橋市三俣町1-1-11 藤田マンション102
(TEL) 027-237-0834
(営) 11:30～14:00（L.O.）、17:30～21:00（L.O.）
(休) 日曜
(¥) カード使用不可 (予) 予約可
(席) 16席、全席禁煙 (P) 5台

ACCESS

三俣駅から北へ約210m（徒歩で約3分）

毎日異なる味が登場
シェフの創造性が光るパスタ

GRASSA

グラッサ

パスタ専門店(前橋市)

01

「GRASSA」はアメリカ・オレゴン州ポートランドで人気のハンドクラフトパスタ店。都内のイタリア料理店で総料理長を務めた澤井雷作さんが、本店での修業を経て、2018年、前橋の中心商店街に日本一号店を開きました。本場の味と空気感を体感してきた澤井シェフ。「本格的な味わいのパスタを日常的に楽しめる、地域に根差したお店を作りたい」と話します。

毎日欠かさず打つ生パスタは常時7種類。ソースや具材には県産を中心に、日本全国から集めた食材をふんだんに用いています。オープン以来1日も被らず異なるメニューを提供しているという2種類の日替わりパスタがシェフの真骨頂。旬の食材を組み合わせ、豊富な経験とひらめきから生まれる一皿はオリジナリティーに溢れ、新鮮な驚きを与えてくれます。

近隣住民はもちろん、評判を聞きつけて遠方から訪れる人も。まちの活性化に一役買っています。

03

02

05

04

01／「ポークラグーリガトーニ」（1,260円）。豚肉が口の中でほろりと崩れます。02／1階はキッチン、2階にテーブル席が並びます。03／取材日の「本日のペペロンチーノ」は「群馬県のふきのとうとケールのペペロンチーノ」（1,430円）。爽やかな苦味が春の訪れを感じさせてくれます。04／「食材を見ればパッとメニューを思いつく」と澤井シェフ。05／レンガ造りの外観が目印。

MENU

LUNCH&DINNER

本日のペペロンチーノ	¥1,210〜
雷作シェフの日替わりパスタ	¥1,100〜
ポークラグーリガトーニ	¥1,260
グラッサオリジナル 目玉焼きカルボナーラ	¥1,375
にぎやかフライドポテト	¥825
アンティパストサラダ	¥880

何度来店されても飽きないようバリエーション豊富なメニューをそろえています。パスタを日常的に、カジュアルに楽しんでください。

オーナーの澤井雷作さん

住 前橋市千代田町2-7-21 TEL 027-289-2771
営 11:30〜14:00（L.O.13:30）、
18:00〜22:00（L.O.21:30）※日曜は〜21:30（L.O.21:00）
休 月曜
URL https://www.snoutinc.com
¥ カード使用可 予 予約可
席 25席、全席禁煙 P 無し（近隣の市営駐車場等を利用）

ACCESS

前橋駅から北へ約4km（車で約4分）

宝探しのようなワクワク感
料理やワインとの出会いを楽しむ

大人な時間

Trattoria Vino Vino

トラットリア　ヴィーノ ヴィーノ

イタリアン（前橋市）

01

イタリア語で「ワイン」を意味する店名の通り、圧倒的なワインの品ぞろえが自慢。お客さま自らセラーに入り、好みや予算に合ったワインを選ぶことができます。「迷ったら直感で。ワインとの〝出会い〟を楽しんでほしい」とオーナーシェフの原澤さんは話します。

料理もまた然り。黒板にはアンティパストからパスタ、魚・肉料理まで多彩なメニューがびっしり。「何を食べようか」と悩むのも楽しいひとときです。

おすすめは〝幻のパルミジャーノ〟と呼ばれる「ミレジマート」を使った「パルメザンチーズのリゾット」。出産後90日以内に搾乳されたミルクから作られるチーズは、芳醇な味と香りが特徴。半月状の巨大チーズにリゾットを入れ、目の前で溶かし絡めてサーブしてくれます。シェアして食べられる多めのポーションも魅力。気取らない雰囲気で、おいしいワインと料理を堪能できます。

03

04

02

01／「貧乏人のミートソース風」（1,000円）は、肉を使っていないとは思えないほど旨味たっぷり。02／チーズ好きにはたまらない「パルメザンチーズのリゾット」（1,200円）。03／壁にかかった黒板メニューに食欲を掻き立てられます。04／2,000円台の手頃なワインからお宝ワインまでずらり。宝探し気分を楽しんで。もちろん好みと予算を伝えて選んでもらうこともできます。

MENU

LUNCH

本日のパスタ（トマト味、塩味）	¥1,100
石焼リゾット カルボナーラ風	¥1,100
チキンのオーブン焼	¥1,500

※ランチはサラダ、ドルチェ、コーヒー付き

DINNER

ポルチーニ茸のリゾット	¥1,700
貧乏人のミートソース風	¥1,000
ホロホロ鳥のロースト	¥1,800

自分自身がおいしいと思ったワインや料理を豊富にそろえています。自由なスタイルでお楽しみください。

㊟ 前橋市千代田町1-10-13 ℡ 027-232-6252
㊞ 11:00〜14:30（L.O.14:00）、
17:00〜22:30（フードL.O.21:30、ドリンクL.O.22:00）
㊡ 木曜
¥ カード使用不可 ㊠ 予約可
席 40席（2階パーティー50席有り※要予約）、全席禁煙
Ⓟ 20台

| ACCESS |
中央前橋駅から北西へ約900m（徒歩で13分）

オーナーシェフの原澤存さん あずささん夫妻

フレンチ出身のシェフがつくり出す
こだわりソースのドラマチックイタリアン

大人な時間

Ristorante Da Kei

リストランテ ダ ケイ

イタリアン（前橋市）

01

パリの街角にありそうな、シンプルで小粋なレストラン「Da Kei」。それもそのはず、オーナーシェフの三森さんは20代の頃、フランスの星付きレストランや都内の高級店で約10年間、フレンチの修業を積んだと言います。その後、イタリアンのシェフに転身。理由は「生まれ故郷の群馬で自分の店を持ちたかった。群馬はフレンチよりもイタリアンの方が人気ですからね」。そして本場・イタリアの星付きレストランで４年半腕を磨き、２０１６年に「Da Kei」を開きました。

同店はイタリアンのコース料理がメインです。「イタリアン＝パスタではありません。旬の素材をこだわりのコースで召し上がっていただきたい」と三森さん。ソースを重視するフレンチと素材を大切にするイタリアンが融合した料理が、同店の最大の魅力です。

白が貴重の店内には座り心地抜群なヴィンテージチェアが置かれ、ついつい長居をしてしまいます。

03

02

05

04

01／ディナーのMENU A（3,850円）本日の前菜、パスタは10種類、本日の魚料理、メインは6種類、デザートは5種類から選択できるコース料理。02／自家製の手打ちパスタが人気。写真はタリアテッレ。03／シンプルで居心地の良い店内。あえて装飾を省いているそうです。04／季節のフルーツを使った手作りのパンナコッタは、根強いファンが多いそう。05／入り口脇に置かれた遊び心溢れるオブジェ。

MENU

LUNCH

ランチA	¥1,650
ランチB	¥2,145
ランチC	¥2,475

DINNER

MENU A	¥3,850
MENU B	¥5,280
仔羊の瞬間燻製 バジル風味のソース	¥2,090

気軽にイタリアンのコース料理を召し上がっていただく店を目指しています。価格もリーズナブルです。

オーナーシェフの三森慶太郎さん

㊟ 前橋市川原町2-13-5 North shore D
TEL 027-212-7480
営 11:30〜14:00、18:00〜22:00
休 月曜
URL フェイスブックあり
¥ カード使用可 予 予約可
席 24席、全席禁煙

| ACCESS |
群馬総社駅から北東へ約3km（車で約9分）

料理と空間、きめ細かなサービスに
心癒やされる街のビストロ

大人な時間

Bistrot sérénité

ビストロ セレニテ

フレンチ（前橋市）

01

フランス語で「静かな、癒やしの空間」を意味する店名の通り、料理とお酒をゆっくり楽しめる心地よい雰囲気が魅力のビストロ。ホテルのフレンチレストランで料理長を務めたオーナーシェフが、「フレンチをもっと気軽に、そして食事が楽しいと感じていただけるお店を作りたい」と、２０１９年4月にオープン。

フレンチをベースに和や中華の要素を織り交ぜた料理は、見た目も華やかな逸品ばかり。こだわりの厳選食材を使い、素材を生かしながら一皿ずつ丁寧に仕上げています。「お客さま一人ひとりの専属シェフでありたい」というシェフの思いから、定番料理はあるものの、時期や好みに合わせてアレンジされた料理を提供。毎回異なる一皿に出合えると評判です。中でも人気は、大切な人との会食や記念日に最適なシェフおまかせの特製フレンチコース（要予約）。よりカジュアルに楽しみたいなら、ランチの月限定セットやプランセスセットがおすすめです。

01・03・04／旬や鮮度、産地など、吟味した食材を使用して作る、時季ならではの一皿。オードブルからデザートまですべてシェフの手作り。写真01は5,000円コースの一例。02／ストーン調と白が基調の落ち着きのある店内は、フランスの田舎町の中庭をイメージ。05／エントランスも観葉植物に囲まれた癒やしの空間。06／カウンター席は1人でゆっくり食事を楽しみたい時におすすめ。

MENU

LUNCH

月限定セット	¥2,000
プランセスセット	¥1,500
ハーフコース	¥2,800
特製フレンチコース（要予約）	¥8,000

DINNER

カジュアル コース	¥3,500
セレニテ コース	¥5,000
特製フレンチコース（要予約）	¥8,000

市街地を離れた静かな場所で、ゆっくり食事をお楽しみください。

コメント／オーナーシェフ
写真／店名が刻印されたワインボトル

㊟ 前橋市西大室町3026-3
TEL 027-288-0629
営 11:30～15:30（L.O.14:30）、18:00～22:30（L.O.21:30）
休 月曜、不定休あり（月曜が祝日の場合、翌日休）
URL https://www.bistrotserenite.com/
予 予約可
席 テーブル24席

| ACCESS |
駒形駅から北東へ約6.5km（車で約12分）

赤城和牛のモモを一頭分で仕入れ
その日一番おいしい部位を炭火焼きで！

炭火焼 ワインバル Lom

すみびやき ワインバル ロム

洋食（前橋市）

＼大人な時間／

01

ＪＲ前橋駅の駅前通りに建つ「Lom」は、和牛の中でもとびきり旨味が強いと言われる赤城和牛を、ワインとともに味わえる店です。

ドライエイジングという方法で約40日間熟成した赤城和牛を、備長炭で香り高く焼くのがLomの自慢。赤城和牛の熟成肉といえば高級品ですが、「1カ月に2～3回、モモを1頭分という単位で仕入れているため、１００ｇ１，８４８円というリーズナブルな価格でお出しできるのです」とオーナーの池下さんは言います。ソトモモ、ウチモモ、シンタマなど部位を選んで注文できるのもうれしいポイントです。

赤城和牛を使用したメニューではほかに、肉厚でジューシーなハンバーグやラグーミートパスタも人気。上州麦豚、川場村のベーコン・ソーセージなどの肉メニューも美味で、群馬の食の豊かさを再認識できます。

03

04

02

01／ボリューム満点「赤城和牛上州麦豚骨付ロースステーキW盛（写真手前 3,278円）。24カ月熟成のパルミジャーノチーズをたっぷりかけたグリーンサラダ（写真左奥 S 638円）。02／ストリートを眺めながら食事できる1階店内。03／赤城和牛100%プレミアムハンバーグは抜群のジューシーさ（1,078円）。04／ゴージャスな照明が印象的な2階。50人までの貸し切りパーティーもできます。

MENU

LUNCH&DINNER

赤城和牛上州麦豚骨付ロースステーキW盛 …· ¥3,278
赤城和牛100%プレミアムハンバーグ200g … ¥1,078
赤城和牛熟成肉1～4種盛 …………… ¥1,815～6,380
赤城和牛のラグーミートパスタ ………………… ¥1,408
グリーンサラダ24カ月熟成
パルミジャーノかけ ……………… S ¥638／R ¥748
群馬川場村ベーコン・ソーセージ炭火焼 ……… ¥1,078

2015年10月にオープンし、2020年3月、高崎市に2号店が誕生しました。これからも赤城和牛のおいしさを伝えていきたいです。

オーナーの池下道夫さん

㊓ 前橋市表町2-2-4 小林ビル 1F
℡ 027-257-3902
㊖ 11:00～14:00 (L.O.13:30)、
17:00～24:00 (L.O.23:30)
㊡ 日曜
URL https://lom-maebashi.gorp.jp/
¥ カード使用可 ㊄ 予約可
席 95席、全席禁煙 Ⓟ 3台

ACCESS

前橋駅からアーツ前橋方面へ約500m（徒歩で約7分）

大人な時間

季節ごとに訪れたくなる
広瀬川を望むオープンテラスのあるビストロ

Le・Vin

ル・ヴァン

ビストロ（前橋市）

01

ワインの魅力にとりつかれたオーナー・篠田さんが「前橋で気軽にワインを楽しめる店を！」と2003年にオープンした「Le・Vin」。当初は前橋市南町での営業でしたが、2019年9月、広瀬川沿いの現在の店舗に移転しました。「パリの街角にあるようなオープンテラスでくつろげる店にしたかった」という通り、陽気が良い日は店の南側の窓が全面開放され、爽やかな空気の中で食事を楽しめます。

店のワインセラーで保管されているワインはフランス産を中心に約80種。グラスワインの用意もありますし、ボトルは3,000円台からとリーズナブル。ソムリエが親切にアドバイスしてくれるので新たな味に挑戦するのもおすすめです。食事は素朴で温かみのあるフランス郷土料理の数々を、黒板メニューからアラカルトでチョイスします。記念日にはシェフおまかせフレンチコースで店の自慢を味わい尽くし、ワインとのペアリングを楽しむのもいいでしょう。

03

04

02

01／上品な赤身肉のステーキに香草バターを乗せたステーキフリット（1,760円）。02／フランスから取り寄せた生地で焼くバターたっぷりのクロワッサンはスパークリングとともに。03／店内にはカウンター席、テーブル席、個室があります。04／丸テーブルと藤の椅子が並ぶオープンテラスはパリの雰囲気。

MENU

LUNCH

日替わりデジュネ（ランチ）	¥1,980
クロックムッシュセット	¥1,100

DINNER

パテ ド カンパーニュ	¥880
ウッフ マヨネーズ（2個）	¥528
ステーキフリット	¥1,760
バイヨンヌ産原木生ハム（10g）	¥429～

事前にお持ちいただければ、抜栓料1,000円でボトルワインの持ち込みが可能です。そのワインに合わせた料理もお任せを！

オーナー・ソムリエの篠田昭弘さん（右）
シェフの今泉友佑さん（左）

(住) 前橋市城東町1-1-1 シティテラス前橋広瀬川 1F
(TEL) 027-888-6600
(営) ランチ11:30～14:00（L.O.13:30）※ランチは水曜～日曜のみ、ディナー17:30～24:00 （L.O.23:00）
(休) 月曜、第3火曜
(URL) フェイスブックあり
(¥) カード使用可 (予) 予約可
(席) 60席、喫煙スペースあり (P) 無し

| ACCESS |

中央前橋駅から北西方面へ約550m（徒歩で約8分）

選び抜いた県産食材を炭火焼きで
ワクワク感溢れるレストラン

地産地消

THREE SENT
スリーセント

創作ダイニング（伊勢崎市）

01

「群馬県産の食材を生かした料理で、地元に誇れるレストランにしたい」と話すシェフの押田聡史さん。きめ細やかな肉質の「赤城牛」や氷温熟成で肉の旨味を増幅させた「氷室豚」など選び抜いた食材を、備長炭を用いた炭火焼きで提供しています。

表面は香ばしく、中はふっくらと。火との距離、焼き時間、余熱の通し方など肉の種類や部位によって、最適な焼き方にこだわり、食材のポテンシャルを最大限に引き出しています。

同店のもう一つのこだわりは、ワクワク感を提供すること。自分で好みのメインディッシュ、サイドディッシュ、主食を選んでカスタマイズできるランチの「チョイスプレート」もその仕掛けの一つ。デザートにはドイツ風パンケーキ「ダッチベイビー」が人気です。カジュアルなランチからちょっぴり贅沢なディナーまで、さまざまなシチュエーションで楽しめます。

04

03

02

06

05

01／ランチで人気の「チョイスプレート」（1,408円～）。組み合わせは全27通り。自分で作り上げるワクワク感が楽しめます。02／季節限定「kanakaファームのいちごとホワイトチョコのダッチベイビー」（1,188円）。03・04・05／随所にこだわりを感じるおしゃれな空間です。06／備長炭で焼き上げた「群馬県産赤城牛フィレの炭火焼」（5,980円）。やわらかくてジューシー。

MENU

LUNCH&DINNER

チョイスプレート ································ ¥1,408～
炭火焼ハンバーグ（ライスorパン、スープ、サラダ、ドリンク付き）
··· ¥1,848
ダッチベイビー ····································· ¥638～
群馬県産 氷室豚 肩ロースの炭火焼 ··············· ¥2,068
群馬県産 赤城牛 サーロインの炭火焼 ············ ¥4,158
群馬県産 赤城牛 炙り寿司 ··························· ¥1,078

おいしい料理とおしゃれな空間、心地よいサービスの三つを大切に、食の楽しみを発信しています。

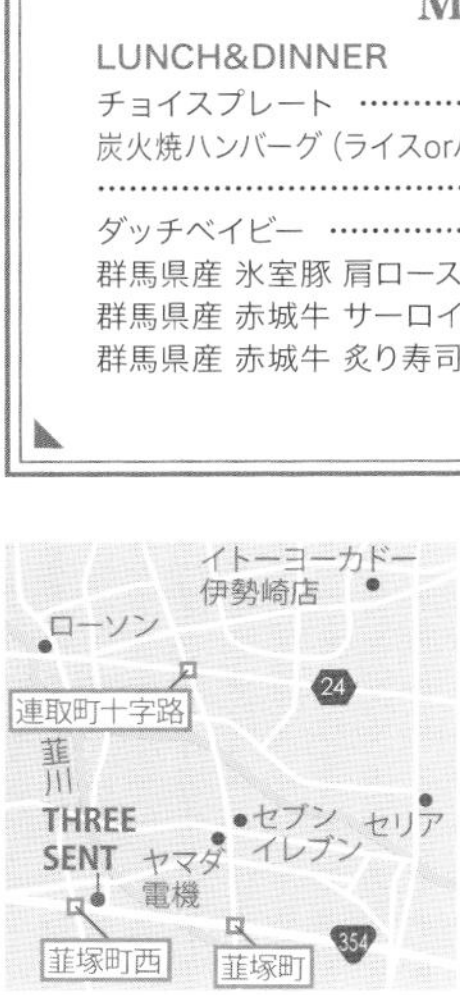

㊟伊勢崎市韮塚町964-2 ℡ 0270-22-3001
営 ランチ11:30～15:30（L.O.14:30）、ディナー17:30～23:00（L.O.22:30）※金・土・祝前日は～24:00（フードL.O.23:00、ドリンクL.O.23:30）
休 月曜
URL https://three-sent.samm-ent.com
¥ カード使用可 予 予約可
席 55席、全席禁煙 P 30台

| ACCESS |
伊勢崎駅から南西へ約5.2km（車で約15分）

シェフの押田聡史さん

日々の喧騒から離れた極上のひととき
リゾート気分にひたれるレストラン

大人な時間

COSMIC CAFE & RESTAURANT

コスミックカフェ アンド レストラン

洋食（前橋市）

01

住宅街の少し奥まった場所に立つ隠れ家レストラン。1,000坪を超える広大な敷地に一歩足を踏み入れると、そこは別世界。春は桜、夏は新緑、秋には紅葉と四季折々の表情を見せる庭園が、やさしく迎え入れてくれます。

ガラス張りの店内は、自然に包まれているかのような開放感。座席もゆったりと配置され、のんびりくつろぐことができます。利根川を望むテラス席は、リゾート気分を満喫できます。

日常的に足を運んでもらえるようにと、料理は奇をてらわずシンプルなおいしさを追求。肉厚なローストンカツは歯切れがよくジューシーな味わい。大きな鶏肉がごろっと入ったチキンドリアなど、お腹をしっかり満たしてくれるボリュームもうれしいポイントです。

「慌ただしい日常の中で、ほっとひと息つける場所を」。そんなオーナーの心遣いが随所に感じられるレストランです。

01／クリーミーな味わいが人気の「チキンドリア」（1,000円）。ランチプレートはサラダ、スープ、デザート付き。02／テラス席は川のせせらぎに癒やされる特等席。03／サクッとジューシーなカツとコクのあるカレーがマッチした「ロースカツカレー」（1,200円）。04／開放感溢れる店内。

MENU

LUNCH

ローストンカツ	¥1,000
チキンドリア	¥1,000
メンチカツ	¥1,000
カツサンド	¥1,000
ロースカツカレー	¥1,200
ビーフカレー	¥1,500

㊟ 前橋市小相木町756
℡ 027-226-5361
㊖ 11:00～15:00（L.O.14:30）
㊡ 水曜
㊎ カード使用可　㊀ 予約可
㊫ 35席、全席禁煙　Ⓟ 60台

| ACCESS |
新前橋駅から南東へ約1.7km（車で約4分）

お客さま一人ひとりに寄り添うようなサービスを心掛けています。ゆったりとした時間をお過ごしください。

スタッフの中野順子さん（右）
新井希美さん（左）

県産の旬野菜と自慢の米を
やさしいお出汁で包みます

菜穀和食 むくび

さいこくわしょく　むくび

和食（前橋市）

地産地消

01

　桜やバラの名所で、緑溢れる敷島公園に隣接する小さな和食店。都内の割烹で修業した店主・岩崎さんが２０１３年にオープンしました。

　主役は群馬県産の旬の野菜。信頼のおける農家から仕入れたり、店主自ら農産物直売所へ出向き、高品質なものを見極めます。それをやさしいお出汁で包み込むのがむくび流です。まず最初に供されるすり流しは、野菜の和風ポタージュ。お腹にゆっくり流し込むと心と体がほっこりし、食欲が湧いてくるから不思議です。

　ランチは定食スタイルで１，１００円から２，７５０円まで６種類。ディナーは懐石風に1品ずつ運ばれるコースか定食スタイルを選べます。

「お客さまの9割は女性」という同店で人気は、コースのシメに登場する土鍋ごはん。こだわりの米に季節の食材を合わせ、5種類の土鍋から最適なものを選んで炊き上げた逸品。蓋を開けると歓声が上がると言うのもうなずけます。

03

02

05

04

01／日替わりで提供する、野菜が豊富な「むくびの優しいお昼ごはん（1,320円）」。02／人気の椀。写真は春限定のくるみ豆腐と春野菜、金目鯛の揚げ出し。03／子ども連れにもありがたい座敷席。温かな陽が差し込みます。04／土鍋で炊くご飯はひと味違います。写真はジャコと小柱、大葉の土鍋ご飯。05／カウンター席とテーブル席もあります。

MENU

LUNCH

むくびの優しいお昼ごはん（限定10食）	¥1,320
トンテキランチ	¥1,650
むくび ちょっと特別のランチ	¥1,980

DINNER

むくびコース（3種）	¥4,950、¥6,050、¥7,150
むくびの優しい夜ごはん	¥1,980
夜のちょっと贅沢なごはん	¥2,750

ゆっくりと流れる無垢なひとときを楽しんでいただきたい、そんな願いを込めて、店名を「むくび」と名付けました。

店主の岩崎暑正さん

㊟ 前橋市敷島町265-3
℡ 027-289-4335
営 11:30～14:30（L.O.13:30）、18:00～22:30（L.O.21:30）
㊡ 月曜
URL フェイスブックあり
¥ カード使用可 予 予約可
席 28席、全席禁煙 Ⓟ 8台

ACCESS

群馬総社駅から東へ約4km（車で約12分）

食欲を刺激する音と香り
ライブ感を楽しむ天ぷら専門店

和モダン

逢とり縁

あとりえ

和食 天ぷら（前橋市）

01

旬の野菜や新鮮な魚介など素材を生かした揚げたての天ぷらがいただける天ぷら専門店。ツタが絡まるコンクリートの外壁が、隠れ家的な雰囲気を醸し出しています。

店主・竹下弘幸さんの一番のこだわりは揚げ油。浅草の老舗油問屋から仕入れるごま油と綿実油《めんじつゆ》をブレンド。しつこくない上品な味わいで、ごまの上品な香りも楽しめます。

ゆっくりくつろげる個室や座敷もありますが、一番の特等席は、店主との会話を楽しみながら職人技を目の前で見られるカウンター席。ぱちぱちと油がはぜる音や、香ばしい香りが食欲をそそります。

夜のメニューは、その日のおすすめ食材で構成された三つの「天麩羅コース」が中心。ランチは天麩羅定食のほか、天丼や海鮮丼も人気です。

イタリア料理店で腕を振るった経験もある竹下さんが厳選した、ワインの品ぞろえにも注目です。

01／旬のおいしさを堪能できるコースがおすすめ。2～3週間寝かせたまろやかな天つゆや、ミネラル豊富な雪塩でいただきます。02／約120種類をそろえるワインはグラス770円～、ボトル3,300円～。03／カウンター席では店主との会話も楽しんで。04／落ち着いた個室4部屋と、お座敷1部屋も。05／新鮮なネタ6品が盛られた「海鮮丼」（1,430円）。06／鮮やかな手さばきを間近で見られるのもカウンターの魅力。

MENU

LUNCH

天婦羅定食 A …………………………… ¥3,630
天婦羅定食 B …………………………… ¥2,420
天丼各種 ………………………………… ¥1,100～

DINNER

天婦羅コース 縁 ……………………… ¥4,180
天婦羅コース 雅 ……………………… ¥4,950
天婦羅コース 碧 ……………………… ¥5,830

天ぷらは何と言っても揚げたてが一番です。味はもちろん、天ぷらを揚げる音や香りなど、五感でお楽しみください。

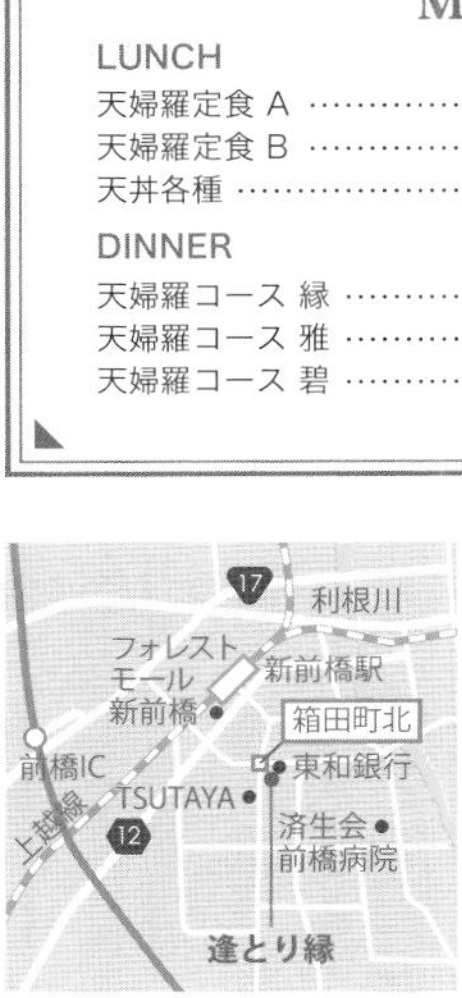

住 前橋市箱田町355-4 TEL 027-289-6464
営 11:30～15:00（L.O.14:00）、18:00～22:30（料理L.O.21:00）
休 月曜
URL http://www.atelierweb.sakura.ne.jp
¥ カード使用可 予 予約可
席 36席、個室のみ喫煙可（24席） P 15台

| ACCESS |

新前橋駅から南へ約900m（徒歩で約13分）

店主の竹下弘幸さん

金砂郷蕎麦と蕎麦を使ったつまみの数々
こんな店で昼から飲みたい

地産地消

浅川

あさかわ

そば(前橋市)

01

山吹色の暖簾《のれん》をくぐると、木に囲まれた居心地よい空間が広がります。「浅川」は茨城県金砂郷町(現・常陸太田市)産の金砂郷蕎麦を食べられる県内では希少な店です。

2代目の浅川修さんが初めて金砂郷蕎麦に出合ったのは30年ほど前。「水回しをした時、ナッツのような芳醇な香りがして衝撃的でした」。それ以来、昔ながらの方法で手刈り・天日干しする信頼のおける生産者から仕入れを開始。その日使う分を店で石臼挽きし、打ちたて茹でたてを提供しています。

もう一つの看板蕎麦は「満天せいろ」。群馬県内産の蕎麦を使い、甘皮を多めに入れて挽き、熟成させた蕎麦です。「金砂郷蕎麦は香りが強くてモチモチした食感、満天せいろはツルっと喉越しがいい。それぞれに根強いファンがいますね」。蕎麦を使ったつまみと日本酒も充実。「蕎麦屋でちょいと一杯」、そんな贅沢な時間を味わえます。

03

04

02

01／自慢の「金砂郷蕎麦」（950円）は、蕎麦粉10に対し1の小麦粉を使う「外一」で打っています。02／品のいい和風の店内。03／蕎麦コースに付く人気メニューそばせんべい（写真手前）とそば米雑炊（写真右奥）。04／蕎麦の実を入れたわらび餅はやさしい味わいです。

MENU

LUNCH&DINNER

金砂郷蕎麦	¥950
群馬県内産 満天せいろ	¥900
赤城鶏のカレー南ばん	¥1,250
鶏せいろ	¥1,350
帆立の籠	¥1,500
蕎麦コース（2種）	¥4,950／¥7,150

蕎麦はもちろん、つゆにも力を入れています。出汁を取る鰹節は一度焼いてから削り、旨味を引き出しています。

店主の浅川修さん

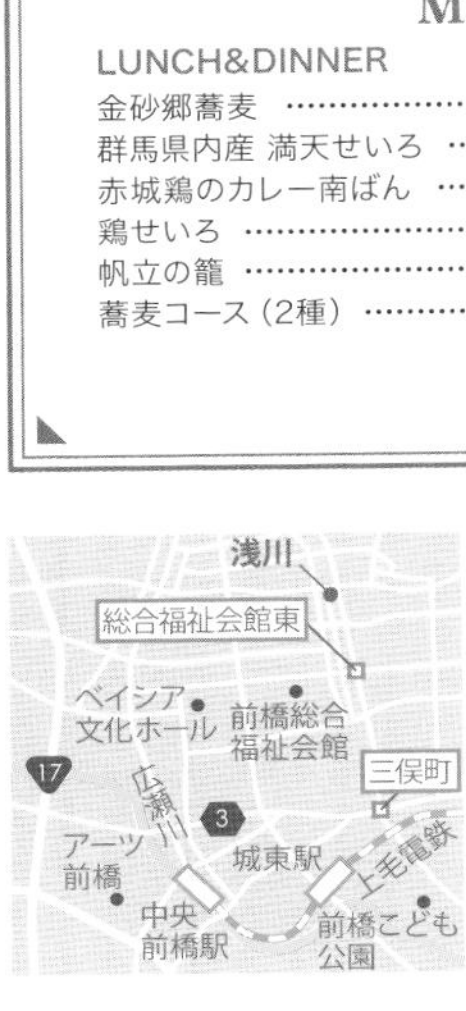

㊟ 前橋市日吉町3-41-12 TEL 027-231-7294
営 11:15〜14:30、17:30〜20:00
休 水曜（月・火曜は昼のみ営業）
¥ カード使用不可 予 夜のみ予約可
席 35席、全席禁煙 P 10台

| ACCESS |

城東駅から北へ約2km（車で約6分）

大切な人との大切な日に選びたい
上質な料理を堪能できる本格イタリアン

地産地消

Ristorante Cosi Cosi

リストランテ コジィコジィ

イタリアン（伊勢崎市）

01

「その季節に一番おいしく召し上がれるものを、一番おいしく召し上がれる調理方法で提供しています」。そう語るシェフの言葉通り、「季節の食材を使ったシェフおまかせコース」は、今日は何をいただけるかとワクワクする気持ちを遥かに超えて、驚きと感動に満ちたお皿が次々と出てきます。すべてはお客さまに「上質な時間」を過ごしていただきたいという思いから。高級感がありながらもくつろいだ気持ちになれるのは、イタリアンの枠にとらわれずに用意されたお箸のあるセッティングや多用される和のお皿、そして何よりスタッフの朗らかな接客が作り出す雰囲気の賜物《たまもの》でしょう。

テーブル間隔も広く、奥の半個室のスペースではプライベート感のある会食が楽しめるのもうれしいポイント。本格イタリアンを楽しみたい時や大切な人との大切な日の食事に訪れたら、心から満足できることは間違いありません。

03

05

04

02

01／入手が難しい飛騨牛を使った「飛騨牛の内腿の炭火焼」は抜群の火入れ加減（コースの一例）。02／木を基調とした温かみがありつつ洗練された雰囲気のインテリア。03／「マトウダイのカルパッチョ」は醤油のエスプーマを添えた目にも鮮やかな一品（コースの一例）。04／前菜も一つひとつ素材にこだわっています。ジャガイモのスープや新玉ねぎとサーモンのコンフィなど（コースの一例）。05／半個室は仕切りを外して最大16名まで対応可能。

MENU

LUNCH

ランチセット	¥1,760
ランチコース	¥4,180

※上記のセットに+900円～でメイン料理、+250円～でドルチェ追加可能

DINNER

季節の食材を使ったシェフおまかせAコース	¥4,400
季節の食材を使ったシェフおまかせBコース	¥6,600
厳選食材を使ったシェフおまかせコース（要予約）	¥9,900

旬の食材・地元の野菜にこだわり、目でも楽しめる一皿を提供しています。ぜひ大切な方とお越しください。

スーシェフ（副料理長）の星野朱利さん

㊟ 伊勢崎市西小保方町529-5
℡ 0270-61-7631
営 11:30～15:00（最終入店13:30）、18:00～22:00（最終入店20:00）
㊡ 水曜、不定休あり
URL http://ristorante-cosicosi.com/
¥ カード使用可（ディナーのみ）　予 予約可
席 24席、全席禁煙　Ⓟ 6台

| ACCESS |

伊勢崎ICから南東へ約2.6km（車で約7分）

地場産食材で丹念に手作りした
大人のカジュアルイタリアン

地産地消

osteria tipo00

オステリア ティーポ ゼロゼロ

イタリアン（伊勢崎市）

01

古民家風の外観の内部は、高い天井が開放的なムーディーな空間。コンセプトは「イタリアの農家レストラン」。その土地の新鮮な食材を使い、手間暇かけて調理した手作りのイタリア家庭料理を味わえます。手打ちパスタや自家製ハム、ソーセージなど、ここでしか食べられない絶品料理を提供してくれます。特に、自家製のハムやソーセージは、ほどよい塩味のやさしい味わい。噛むほどに旨味が増し、クセになるおいしさです。

夜は、ワインと食事を楽しむのもおすすめです。イタリア産を中心にそろえたラインナップの中から、ソムリエでもあるシェフが、好みや料理に合わせて最適な1本をチョイスしてくれます。

食後に味わってほしいのが、低温殺菌牛乳を使った自家製ジェラート（450円）など、こだわりの手作りスイーツ。おいしい食事で満たされた心とお腹をさらに満足させてくれる、至福の味をぜひ。

01／手前は、自家製ハム・生ハム・サラミの盛り合わせ　(2人前／1,150円・写真は3人前)。手作りならではのやさしい味わいをぜひ堪能して。02／広々とした木製カウンターは、1人でも気楽に大人時間を満喫できます。03／手打ちパスタ カッペレッティ (4種のチーズを詰めた帽子型パスタ・1,450円) 写真はハーフサイズ。04／時間をかけてじっくり焼き上げた、県産豚の骨付きすね肉の低温ロースト 2,650円。05／高い天井が開放的な店内。

MENU

LUNCH

パスタランチ …………………………………… ¥1,650

※前菜・自家製パン・パスタorひよこ豆のガレットor自家製ウインナーソーセージと地場産野菜のグリル (+¥200)・ドリンク・自家製ジェラート (+¥400でデザートセット)

DINNER

上州麦豚自家製粗挽きウインナーソーセージと地場産野菜のグリル …… ¥1,200

県産豚の骨付きすね肉の低温ロースト ………………… ¥2,650

手打ちパスタ カッペレッティ (4種のチーズを詰めた帽子型パスタ) …… ¥1,450

ワイン グラス …………………………………… ¥580～

ボトル …………………………………… ¥3,200～

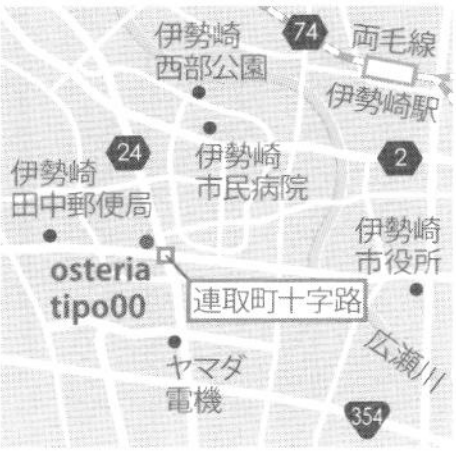

㊟ 伊勢崎市連取町3311-7　℡ 0270-61-7099

㊔ 11:30～14:30 (L.O.13:30)、
18:30～23:00 (L.O.22:00)

㊡ 日曜、第2月曜 (月曜はディナーのみ)

(¥) カード使用可 (10,000円以上)　㊇ 予約可

(席) 14席　Ⓟ 7台

※座席数が限られているため、要事前連絡。

| ACCESS |

伊勢崎駅から南西へ約3.5km (車で約8分)

お一人でもお気軽にランチやディナーをお楽しみください。

オーナーシェフの小保方研二さん

シェフの感性がキラリ輝くフレンチを
気取らずゆったり

大人な時間

la cuisine francaise SHIKI

ラ キュイジーヌフランセーズ シキ

フレンチ（北群馬郡吉岡町）

01

フレンチの鉄人・坂井宏行氏の「ラ・ロシェル」で修業を積んだ柳澤昌志さんが開いたレストラン。選び抜かれた県産素材そのものの持ち味を存分に引き出した、素材も喜ぶ料理が評判です。コースが進むにつれ、味の濃さが段階的に変化。彩りもまた美しく、緻密に計算された技が冴えわたります。そんな本格フレンチでありながら、お箸で味わえるのもＳＨＩＫＩらしさ。「フレンチの形式的な作法を気にせず、気軽に楽しんで」という心遣いの表れです。

貸し切り以外、ランチは10歳以上、ディナーは高校生以上にのみ開かれた空間。子どもを預け、ご夫婦二人でデート気分に浸るのも素敵です。プロポーズや誕生日など特別な一日を過ごすにもおすすめ。「個人店ならでは」の柔軟性をフルに生かし、至極の料理とホスピタリティー溢れるスタッフのサービスで、ゲストの心をくんだ最高のシーンを演出してくれます。

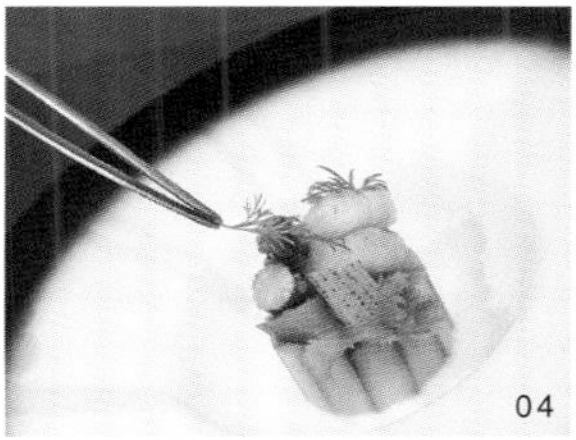

01／風味豊かな赤ワインのソースでいただく上州牛のグリエ。02／入り口右側には、カウンター席とテーブル席。左側には個室があります。03／駐車場でスタッフが出迎えてくれる、その心遣いに感服。04／盛り付けの細部にまでこだわって。05／自家製セミドライトマトと新玉ねぎの前菜。低温調理で野菜の旨味を最大限引き出しています。06／北海道産ホタテの貝柱と県産ビーツ、サツマイモをジャガイモのソースで。

MENU

LUNCH

平日限定 プレートランチ（10食限定）	¥1,500
マルシェコース（ハーフコース）	¥2,500
グルマンコース（牛、魚盛り合わせコース）	¥3,500

DINNER

イマージュコース（ハーフコース）	¥3,500
Shikiコース	¥5,500
特別メニュー	応相談・要予約

※全て税別表記

ゆっくりと楽しんでいただきたいので、ぜひご予約を。マダムの要望でポーズを決めましたが、怖い人ではありませんよ！

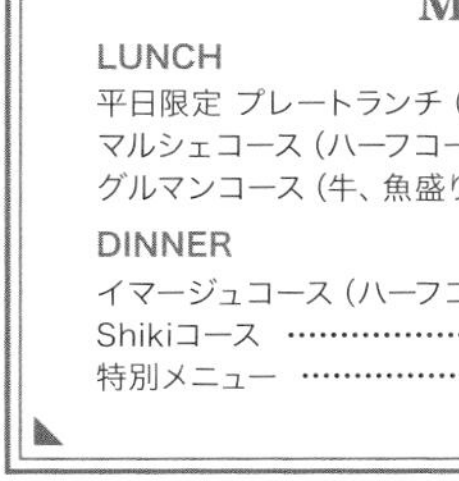

(住) 北群馬郡吉岡町大久保1451-15 (TEL) 0279-73-9136
(営) 11:30～15:00（L.O.14:00）、
17:30～21:00（L.O.20:00）
(休) 水曜
(URL) フェイスブックあり
(¥) カード使用可（ディナーのみ） (予) 予約可
(席) 14席、全席禁煙 (P) 6台

| ACCESS |
群馬総社駅から北へ約2.5km（車で約6分）

オーナーシェフの柳澤昌志さん

住宅街に佇む隠れ家レストランで
「おいしいって幸せ」を実感

大人な時間

estaminet L'erable

エスタミネ リラブル

フレンチ（前橋市）

01

「本当においしいものを大切な人と心ゆくまで堪能してほしい」…そんなオーナーシェフの思いが込められたレストラン。じっくりと手間暇をかけて作られた創作フランス料理は、「おいしいって幸せ」という至福時間を満喫させてくれます。

記念日や特別な日に、大切な人と過ごす貴重な時間を最高のものとするため、そして食品ロスを防ぐため、ランチもディナーも完全予約制。メニューは、おまかせ料理ですが、好みの食材や調理法など細かな要望を聞いてくれます。

ランチは、肉か魚を選べるおまかせコースが中心。ディナーは取り分けスタイルのビストロ料理でパーティーにもうってつけです。

木々に囲まれた閑静な高台にあるレストランからは、昼は美しい山々を、夜は前橋の夜景を一望でき、ロケーションも最高です。

01／ディナータイムは取り分け形式で。彩り美しい盛り付けでパーティーも華やかに。02／プライベート感満点の店内で、時を忘れて楽しい食事を。03／窓からは美しい山々の景色が。夜は前橋の夜景を一望できます。04／ランチは和牛すね肉のラグーがいち押し。05／季節で変わるさまざまなあしらい（写真はズッキーニの花のフリット）。06／見晴らしのよい高台に建つ小さなレストラン。ブルーの扉に心弾みます。

MENU

LUNCH

おまかせランチコース（肉or魚） ………………… ¥1,800
ラグー（牛すね肉のシチュー）ランチコース …… ¥2,200
※アミューズ（先付）・スープ・アントレ（料理4品盛り合わせ）メイン・デザート・コーヒーor紅茶

DINNER

パーティーコース ……………………… ¥3,000～¥5,000

「おいしいって幸せ」を多くの方に届けたいと、心を込めておもてなししています。大切な人との特別な時間をぜひここでお過ごしください。

オーナーシェフの大崎正和さん

(住) 前橋市堀越町561-1
(TEL) 027-280-2077
(営) 11:00～15:00、17:00～22:00
(休) 昼／無休、夜／金・土・日曜のみ営業
(URL) https://lerable.shop/
(予) 完全予約制
(席) 12席 (P) 4台

ACCESS

大胡駅から北西へ約2.6km（車で約7分）

上越新幹線
17
p.58
洋食 香味亭
井野
L'AULA ITALICO
p.70
28
135
利根川
高崎問屋町
北高崎
p.66
p.80
Ristorante & Bar LEONE
p.84
BISTRO KNOCKS
高崎店
和食 爨 kashigi
p.86
スペイン料理 POTORO
p.82
24
旬彩 和人良
euro dining claret
p.74
高崎
イタリア料理
エ・ヴィータ
354
Italian Bar
La Famiglia
p.60
Bistro Queux
p.78
p.68
馳走
なか川
p.88
欧風食宅
Maison de Jillco
南高崎
高崎玉村
スマート IC
p.72
レストラン
いしだ
佐野のわたし
倉賀野
群馬の森
p.54
烏川
北藤岡
鏑川
173
13
23
馬庭
p.92
そば岡部
群馬藤岡
吉井 IC
254

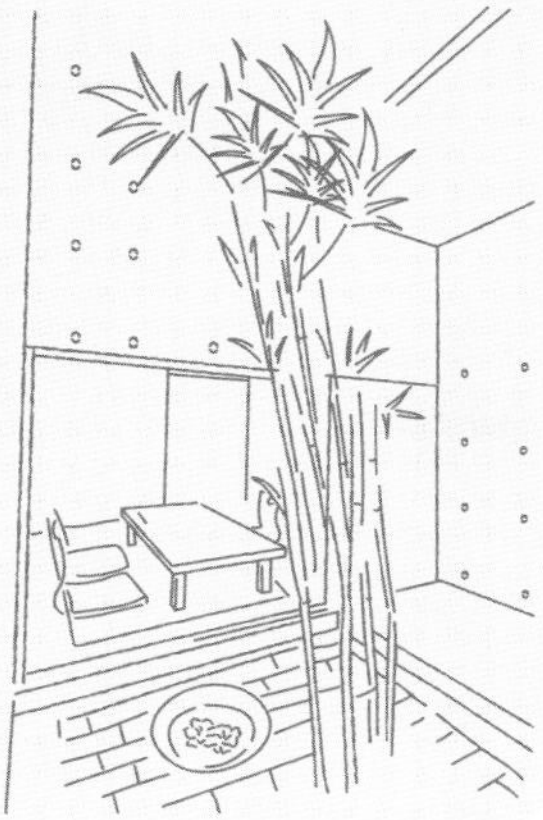

高崎
周辺のお店
TAKASAKI

群馬の商都・高崎市を中心とした西部エリアでは、個性豊かな18軒をお届けします。にぎやかな駅周辺地域や喧騒から離れた都市郊外などに点在する名店たち。料理のジャンルもさまざまに、特色光る美食をどうぞ。

大人な時間

自然豊かなロケーションで出合う
新しいおいしさと穏やかな幸せ

レストランいしだ

フレンチ（高崎市）

01

観音山の中腹に佇《たたず》む雰囲気の良いレストラン。都内の高級フレンチレストランや県内の味にこだわる結婚式場で料理長を務めたオーナーシェフの石田博行さんが、自然に恵まれたロケーションにほれ込み、２０１４年にオープンさせました。ミモザのリースが掛かるドアを開くと、笑顔の可愛らしいマダムが気持ち良く迎えてくれます。

石田シェフが手掛けるのは、伝統的なフレンチをベースに四季折々の食材を現代風にアレンジした独創的な料理。ランチなら肉と魚の両方が味わえるプラチナコース、ディナーならトリュフ、キャビア、フォアグラの三大珍味が楽しめる観音コースと、コースでいただくのがおすすめです。

年代を問わないリピーターが多く、来店時に次回の予約をしていく人も少なくありません。それほど頻繁に足を運ぶお客さまにも「同じ料理を出したことはありません」と穏やかな口調でさらりと話

01／お昼の一番人気「プラチナランチコース」。お肉とお魚の両方がいただけます。02／三方を大きなガラスに包まれた店舗。自然に包まれる心地よさを感じます。03／ランチョンマットは、二十数種類用意。四季を感じるデザインで持ち帰るゲストがいるほど喜ばれています。04／プラチナランチコースのサラダとキッシュ。05／爽やかなディスプレーが冴えるエントランス前。

06

08

07

す石田シェフ。どのお客さまにどんな料理を出したかはすべて覚えていて、食材は同じでも味付けや調理方法、ソースなどを変えて提供するのだそうです。豊富な経験に裏打ちされた高い技術とお客さまへのホスピタリティー精神が、新たな味わいを生み出し続けます。

唯一、同じテイストが味わえるのが季節のスープ。ゴボウ、長ネギ、カボチャなど旬の素材を使った20種類以上にも及ぶバリエーションの中で、特に人気なのが桃を使った夏の冷製スープと、秋の味覚の代表格である栗のスープです。これを目当てに来店するお客さまも多いといいます。

おいしい料理、心地よいおもてなし、ガラス張りの店舗の外に広がる四季折々で変わる景色。ここには、穏やかな幸せを感じるための役者が勢ぞろいしています。自分や家族はもちろん、紹介した誰もをきっと幸せにする、とっておきの名店です。

11

09

10

06／誕生日用のメッセージ入りデザートプレート。オルゴールとともに、花火の演出でお祝いしてくれます。07／料理はどれも絵画のような美しさ。08／出来たてをすぐに届けたいとの思いから、オープンキッチンで調理するシェフ。09／ピカピカに磨かれたグラスやカラトリーに特別感を覚えます。10／新緑の季節、食後は自然豊かな庭の散策を楽しんで。11／5万円（料理のみ）以上で貸切可能。アットホームな雰囲気の中、入学・卒業、成人式など人生の節目の記念日をご家族で。

MENU

LUNCH&DINNER

プラチナコース	¥2,800
金のランチ	¥2,400
羽衣コース	¥5,200～、¥6,200～
観音コース（ディナーのみ・2人～）	¥8,200～
パスタ、アラカルト	¥980～
貸し切りコースプラン	¥50,000～

※全て税別表記

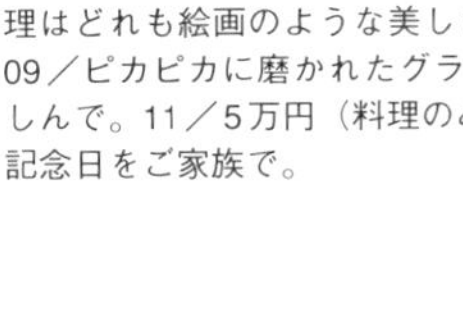

㊟ 高崎市石原町2879-1 TEL 027-323-5040
営 11:30～15:00（L.O.14:00）、18:00～22:30（L.O.20：00）※要予約
休 月曜（祝日の場合営業）
URL http://r-ishida.owst.jp/
¥ カード使用可（ディナーのみ） 予 予約可
席 18席、全席禁煙 P 店舗前7台、第2駐車場あり

| ACCESS |
高崎駅から南西へ約3km（車で約9分）

観音様をお参りがてら、お越しください。季節を感じながらゆったりとしたひとときを。

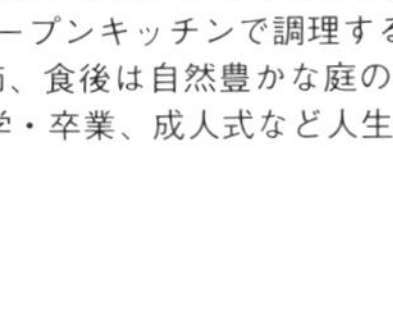

オーナーシェフの石田博行さん
マダムの知香さん

二代目が守る伝統の味
家族みんなで楽しめる洋食店

洋食 香味亭

ようしょく　こうみてい

洋食（高崎市）

01

王道の洋食メニューが味わえる老舗洋食店。50年にわたり腕をふるってきた一代目が２０１８年に勇退。息子の保坂修二さんが、暖簾《のれん》を受け継ぎました。

「ここでしか食べられない料理を楽しんでもらいたい」と話す保坂さん。オーソドックスな洋食メニューを、手間暇かけて「香味亭の味」に仕上げています。例えばデミグラスソースは、牛スジや鶏ガラ、香味野菜を３日以上煮込んで旨味を引き出したもの。やさしい味わいのタルタルソースは、マヨネーズから手作りしています。

父から受け継いだ味を守りつつ、新たなチャレンジも。エビフライ、カニクリームコロッケ、グラタン、ハンバーグという洋食の王道を一皿に盛り込んだ洋食プレートは店の看板メニューになりました。ソムリエ資格を生かし、ワインやオードブルにも力を入れています。子どもからお年寄りまで誰もが笑顔になれるお店です。

01／洋食の基本であるデミグラスソース、タルタルソース、ホワイトソース、トマトソースを一皿で味わえる「香味亭の洋食プレート」（1,815円）。02／「オムライス」（1,045円）。ランチはカップスープ、ドリンク付き。03／ふわっとなめらかな「鶏レバーのムース」（550円）。おいしいワインも手頃な価格でそろいます。04／保坂さんはフレンチの経験も。05／代替わりと同時に店内をリニューアル。

MENU

LUNCH	
洋食ランチプレート	¥1,100
オムライス	¥1,045
ビーフシチュー	¥1,760
DINNER	
香味亭の洋食プレート	¥1,815
とんとん豚のポークソテー	¥1,540
鶏レバーのムース	¥550

お子さまから年配の方まで一緒に楽しめるのが洋食の魅力。来ていただいたお客さまに満足してもらえるよう、手間を惜しまず料理に取り組んでいます。

㊟ 高崎市緑町4-4-8 香味亭ビル 1F
℡ 027-364-0882
営 11:30〜13:30（L.O.）、
17:30〜19:30（L.O.）、テイクアウトあり
休 火曜、不定休あり
URL http://koumitei.gunmablog.net
¥ カード使用可 予 夜のみ可
席 12席、全席禁煙 P 15台

| ACCESS |
高崎問屋町駅から北西へ約1.5km（車で約6分）

オーナーの保坂修二さん
則子さん夫妻

笑顔が生まれるおいしさ
イタリアンの奥深さを堪能

地産地消

Italian Bar La Famiglia

イタリアン バール ラ ファミーリア

イタリアン（高崎市）

01

03

04

02

高崎の街中で20年にわたって愛された隠れ家的なイタリア料理店「メッツァニーノ」。オーナーシェフの中野実さんは、「高崎の地に、本物のイタリアンを広めたい」と２０１６年、高崎駅の西口に場所を移し、「ラ ファミーリア」を開きました。

　スタッフを連れて年に1度はイタリアを訪れ、ワイナリーを巡るなど、本場の空気を肌で感じているという中野さん。料理からサービスの細部に至るまで、イタリアンの本質を求める姿勢が息づいています。

　同店が提案するのは、料理とイタリアワインを組み合わせて楽しむスタイル。夕食の前に軽くおつまみとお酒を楽しむイタリアの習慣「アペリティーボ」に倣い、夕方4時にオープン。帰宅前の一杯や、会食前の「0次会」で利用する人も多いそう。

　ディナーはアラカルトが中心で、ワインとの組み合わせを楽しめる

05

01／シンプルでありながら味わい深い「群馬地鶏のハーブグリル～ローズマリー風味～」（1,320円）。02／「4種のチーズリゾット」（1,650円）にアルバ産黒トリュフをたっぷりと（+1,100円）。03／おすすめメニューは黒板をチェック。04／「マダム特製季節のフルーツタルト」（660円）。タルトが隠れるほどたっぷりのフルーツに笑顔がこぼれます。05／夕暮れのテラス席で楽しむアペリティーボは最高。

06

07

料理を提供しています。イタリアワインは常時１２０種類以上をラインナップ。スタッフに相談すれば、料理とのペアリングを提案してくれます。

　素材のおいしさをダイレクトに味わえるよう、調理はあまり手を加えずシンプルに。だからこそ食材選びには余念がありません。赤城どりや上州牛など肉や野菜は地元のものを中心に、生ハムやチーズ、調味料などの加工品はイタリアから取り寄せています。

　注文を受けてから専用スライサーでスライスし、切りたてを提供してくれる生ハムは、とろけるような食感と芳醇な香りが特徴。一般に流通しているパック詰めの生ハムとは一線を画すおいしさです。

　豊かな時間を締めくくるドルチェは、マダムの香澄さんが担当。ドルチェワインと合わせるのはもちろん、ナポリのコーヒーブランド「KIMBO」のエスプレッソもおすすめです。

10　08　09

06／シンプルモダンにまとめられた店内。デートや家族での食事、気の合う仲間とのワイン会などさまざまなシチュエーションで利用できます。07／JR高崎駅西口からペデストリアンデッキで直結。08／一人飲みも気兼ねなく楽しめるカウンター席。09／ルマハム協会認定店舗。イタリア製のスライサーで切りたてを提供してくれます。10／「切りたてパルマ産プロシュットとサラミの盛り合わせ」（3種1,730円、6種3,850円）。

MENU

LUNCH&DINNER

プロシュットディ・パルマ 18ヶ月 …………………… ¥700
ブラータチーズとフルーツトマトアメーラの
カプレーゼ …………………………………………… ¥1,840
あつあつタマゴサラダ ………………………………… ¥970
エビのガーリックオイル煮　バゲット付 ……………… ¥990
〆のペペロンチーノ ……………………………………… ¥990
目の前で仕上げる炎のチーズリゾット ……………… ¥2,200

※全て税別表記

シンプルなのにおいしく、健康にもいい。イタリア料理とイタリアワインの魅力を、多くの方に知っていただきたいです。

㊟ 高崎市八島町58-1 高崎ウエストビル2F　℡ 027-381-6600
㊫ 平日／早飲み16:00～18:00、ディナー18:00～24:00
（フードL.O.23:00、ドリンクL.O.23:30）、
土・日・祝／ランチ11:30～15:00、早飲み15:00～18:00、
ディナー18:00～24:00（フードL.O.23:00、ドリンクL.O.23:30）
㊡ 火曜　URL https://famiglia-takasaki.com
¥ カード使用可　㊢ 予約可　席 38席、全席禁煙　Ⓟ 無し

| ACCESS |

高崎駅から高崎市役所方面へ約120m（徒歩で約2分）

オーナーシェフの中野実さん

実力派シェフが手がける
こだわり素材のイタリアン

イタリア料理 Angelino

アンジェリーノ

イタリアン（高崎市）

大人な時間

01

高崎市郊外という静かなロケーションにある同店。遠方からも食通が通い詰めるその秘密は、オーナーシェフ・梅山さんの腕前にあるようです。彼は都内の著名なイタリアンで修業を積み、イタリア・ミラノの一つ星レストランで副料理長を務めた経歴の持ち主。「料理の道に入った時から、いつかは故郷の群馬で店を持ちたいと思っていました。そのためイタリアでも群馬と同じように養豚の盛んな地域のレストランで働いていたのです」と梅山さん。

店では11種類のオリーブオイルを食材に合わせて使い分け、塩やパスタもこの土地の酸性度（pH）に合わせたものを使用しているというこだわりぶり。全国の漁師から直接仕入れる魚介、秋にはイタリア直輸入のフレッシュポルチーニ、冬はジビエなど、季節ごとの美味が味わえます。パティシエの奥様・美佐子さんとともに、群馬のイタリアンに新しい風を吹き込んでいます。

01／イカスミのスパゲッティローマ風は生のアンチョビが隠し味（1,320円）。02／アットホームな店内。一角には菓子工房「アンジェリック」があります。03／炭火でいぶすように焼いた牛肩ロースの料理（2,178円）。04／ディナータイムのおまかせドルチェは880円。

MENU

LUNCH

イカスミのスパゲッティローマ風（サラダ・ドリンク付）…… ¥1,320
生海苔とゴルゴンゾーラスパゲッティ（サラダ・ドリンク付）…… ¥1,100
堀込農園 有精卵のフレンチトースト（サラダ・ドリンク付）……… ¥880

DINNER

前菜の盛り合わせサラダ添え（大盛）………… ¥1,760
大山鶏もも炭火焼き ………………………… ¥1,925
牛肩ロース炭火焼き ………………………… ¥2,178

ランチはパスタ、ディナーは炭火焼きやアラカルトが中心のイタリア料理店です。全国各地のおいしい素材を集めて提供いたします。

オーナーシェフの梅山幸一さん

㊟ 高崎市菊地町416-2 ℡ 027-344-6544
㊠ 11:30〜14:00（L.O.）、18:00〜21:00（L.O.）
㊡ 火曜、第3月曜
¥ カード使用可 ㊑ 予約可
席 18席、全席禁煙 Ⓟ 6台

ACCESS
群馬八幡駅から北へ約4km（車で約10分）

最高の食材と熟練した職人技の饗宴
驚きと感動を約束する大人なイタリアン

Ristorante & Bar LEONE

リストランテ アンド バル レオーネ

イタリアン（高崎市）

大人な時間

01

おいしい食事を、驚きや感動とともに味わえる洗練された大人のイタリアン。「公明正大」を貫き、本物にこだわる同店では、全国から取り寄せた厳選食材が料理の中心。素材そのもののおいしさと、シェフの職人技が融合した一皿に自然と笑みがこぼれます。中でも評判は、紀州備長炭でじっくり焼き上げる神戸但馬牛ランプ肉の炭火焼き。適度にサシが入った上質な赤身肉は味わい深く、赤ワインとの相性も抜群です。石川県金沢市の契約漁港から仕入れる鮮魚を使った料理のおいしさも同店ならでは。

メニューは3種類のコースのほかに、定番や時季限定のアラカルトがあります。アレルギーや好み、シーンに合わせて柔軟に対応してくれるので、予約時に問い合わせを。また、豊富な種類をそろえるワインも、その日の食事に合う1本をシェフが提案してくれるので、ワイン初心者でも安心。上質な料理とサービス、空間は特別な日にピッタリです。

03

04

02

01／8〜9品を楽しめる8,000円コースの一例。写真は前菜・メイン・パスタ。02・04／1・2階の2フロアに分かれた店内。オープンカウンターのある1階は、香りや音、シェフの技をライブで堪能。テーブルごとにカーテンで仕切られた2階はプライベートな食事におすすめ。03／噛むごとに肉の旨味が口に広がる、看板メニューの神戸但馬牛ランプ肉。赤ワインソースを添えて。

MENU

DINNER

季節のコース（7品）……………… ¥5,000
レオーネコース（8品）……………… ¥8,000
スペシャルコース（8品）（要予約）……… ¥10,000

※コースの他にアラカルト
（前菜、パスタ、鮮魚料理、肉料理、ドルチェ）を多数用意。

お客さまの笑顔と「おいしかったよ」のひと言が原動力です。レオーネで、料理とともに大人の遊びを楽しみませんか。

(住) 高崎市請地町19-1 (TEL) 027-324-3003
(営) 17：00〜24：00
(休) 月曜、第3火曜
(URL) https://leone.website/
(予) 予約可
(席) テーブル33席

| ACCESS |
高崎駅から北西へ約2.2km（車で約6分）

コメント／代表の加藤成太さん
写真／お店の看板

サービスと空間も大事なエッセンス。
ワインとともにおいしい時間を

イタリア料理 エ・ヴィータ

いたりありょうり え・ゔぃーた

イタリアン（高崎市）

地産地消

01

老舗店や人気店が多く並ぶ、高崎市街地の南銀座通りで17年。２００３年のオープン以来、この場所で不動の人気を誇るイタリア料理店。腕利きのオーナーシェフが作る料理のおいしさもさることながら、サービスや空間の心地よさも訪れる人を魅了してやみません。「調理もサービスもやり過ぎないこと。何より各テーブルの食卓を彩る空気感を大切にしたい」とオーナーシェフの直井さん。その人柄が表れています。

　ここで提供されるのは、地のもの・旬のものにこだわり、素材を生かす調理法で仕上げた本格イタリアン。定番はもちろん、時季のおいしさを味わえる黒板メニューもおすすめです。前菜からパスタ、ピッツァ、肉・魚料理まで豊富にそろうアラカルトは、いずれもワインと一緒に楽しみたくなる逸品ばかり。ワインはランチから楽しめます。

　味・空間・サービスの三拍子がそろう同店なら、一人でも、グループでも、温かな時間が過ごせるはず。

03

04

02

01／ワインに合うアラカルトがたくさん。ワイン選びに迷ったらシェフにおまかせを。02・03／自然と会話が弾む居心地のよい空間。営業時の店内は食卓のにぎやかさそのもの。04／ジューシーでふんわりやわらかな鶏モモ肉に、キノコの風味がマッチした「鶏モモ肉のカチャトーラ」（1,800円・税別）。

MENU

LUNCH

パスタプレートランチ	¥1,100
カリーランチ	¥1,100

※ランチドリンクは＋¥150　※アラカルトメニューも注文可

DINNER

前菜	¥850～
ピッツァ	¥800～
パスタ	¥1,200～
肉・魚料理	時価

敷居が高いと言われますが、そんな事はありません。ぜひ気軽にいらしてください。不定期でワイン会も開催しています。

コメント／オーナーシェフの直井浩司さん

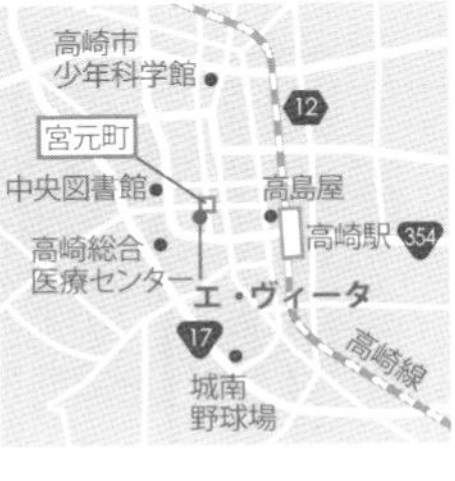

㊟高崎市檜物町104 1F ℡ 027-322-3345
㊔11:30～14:30 （L.O.14:00）、18:00～23:00 （L.O.22:00）
㊡火曜のディナー、水曜
URL https://evita.gorp.jp/
㊀予約可
㊅テーブル24席（内カウンター4席）

ACCESS

高崎駅から西へ約750m（徒歩で約10分）

写真／「アルトゥージ司厨士《しちゅうし》協会」のポートレート

のんびりゆったり食べて飲んで
カジュアルに楽しむイタリアン

地産地消

L’AULA ITALICO

ラウラ イタリコ

イタリアン（高崎市）

01

本場イタリアの大衆食堂をイメージした、カジュアルなトラットリア。アンティークのテーブルや椅子が並び、さりげなく植物が飾られた素朴でナチュラルな店内は、癒やしムードも満点です。

そんなリラックス空間で味わえるのは、季節の新鮮な食材を使ったイタリア家庭料理。化学調味料を使わず素材本来の味を生かしたシンプルな味付けで、お腹も心も満たしてくれます。仕入れに合わせて日々メニューが変わるので、何度訪れても飽きのこない、季節を感じられる料理が楽しめます。

飲んで食べての憩い時間を過ごしてほしいと、ワインも豊富にラインナップ。夕方5時半から7時に来店するとワイン飲み放題の「ハッピーアワー」が好評です。オードブルのテイクアウトもあり、ホームパーティーにおすすめ。店でも家でも、気の置けない仲間とおいしいひとときを楽しんで。

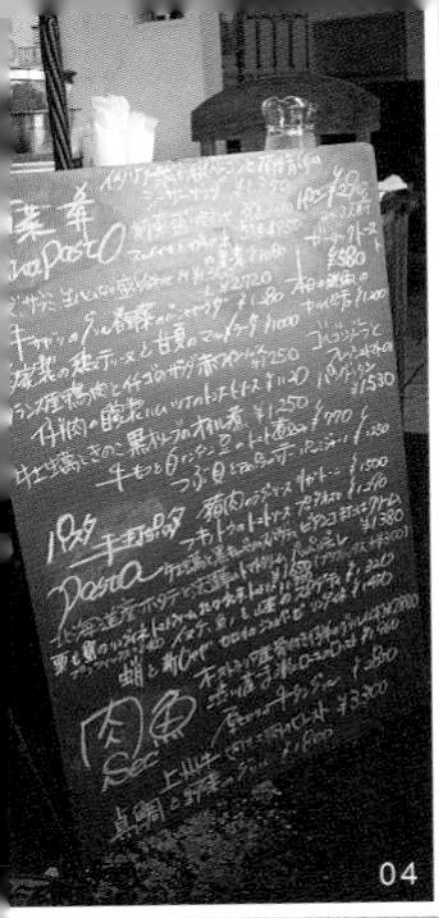

01／前菜盛り合わせ＋パスタ＋パン＋デザート盛り合わせ＋ドリンクまでの贅沢な「プリフィックスランチ」。パスタは、「栗毛蟹のトマトクリーム」。02／ディナータイムには、季節のアラカルト料理を豊富に用意。写真手前は「短角牛のロースト」。03／イタリア産を中心に、豊富なワインをラインナップ。04／黒板にぎっしり書かれた、その日のメニュー。05／味わいのある木のテーブルが並ぶ、癒やしのナチュラル空間。

MENU

LUNCH

パスタランチ …… ¥1,180～
盛り込みワンプレート（数量限定） …… ¥1,180
パスタプリフィックスランチ …… ¥2,590～

DINNER

プリフィックスコース …… 1人 ¥3,640 ※2人～
ハッピーアワー …… ¥1,490
※17:30～19:00に来店するとワイン飲み放題＋前菜盛り合わせ付き
季節のアラカルト料理 …… ¥480～

「飲みに行くレストラン」として、おいしい料理と癒やし空間をご用意してお待ちしています。お気軽にご利用ください。

㊟ 高崎市井野町1009-4 パルクハナミズキ ℡ 027-381-8787
㊎ 11:30～14:00（L.O.）、17:30～21:30（L.O.）
㊡ 木曜、不定休あり
URL http://l-aula.com/
¥ カード使用可 ㊕ 予約可
席 45席、全面禁煙（外のテラス席のみ喫煙可）
Ⓟ 構内共有100台

ACCESS

井野駅から東へ約1km（車で約5分）

コメント／オーナーの駒和昌さん
写真／シェフの佐倉忠臣さん

シェフの遊び心溢れる料理に心躍る
邸宅風レストラン

欧風食宅 Maison de Jillco

メゾン ド ジルコ

欧風料理（高崎市）

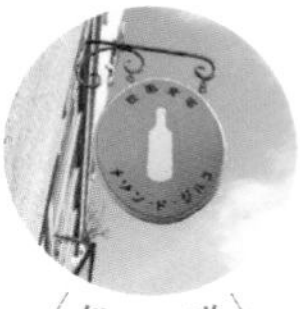

地産地消

01

口コミとSNSでファンを増やしてきた実力店。オーナーのジルコさんが、旬の食材を使ったジャンルにとらわれない料理を一から手作りしています。

ジルコさんは奈良県出身。都内の大学を卒業後、大手企業での会社員を経験した異色の経歴の持ち主です。都内で修業～独立後、奥様の故郷・群馬へ。知り合いのいない高崎でのスタートでしたが、心意気のある仲間とのつながりが次々に生まれ、野菜、卵、米、豚肉などは直接仕入れ、カトラリーレストは友達のアーティストが制作。周囲の真心がジルコさんを支えます。

春は桜、冬はカカオを練り込んだ生パスタや、30種類以上の野菜を使ったサラダなど、ワクワクするメニューが目白押し。「お客さまが驚き、喜ぶ顔が楽しみ」と笑うジルコさんの料理と、あったかい雰囲気に今日もまた「ただいま」とドアを開きたくなります。

05

03

04

06

02

01／県内産の「くちどけ加藤ポーク（1,600円）」を使ったコンフィ。文字通り、舌の上ですぅーっととろけます。02／「家」を意識した店内にはソファ席も。03／慈光通り沿い、センスの良さを感じるナチュラルな外観。04／小上がりの掘りごたつ席はファミリーにも人気です。05／季節によってバリエーションが異なるコナリエ特注の生パスタ。06／休日ランチは、グループで行くと、全員に違ったデザートを用意してくれます。

MENU

LUNCH&DINNER

鮮魚のカルパッチョ	¥1,400
桜生パスタを使った小海老と菜花のペペロンチーノ	¥1,500
豚バラ肉のとろとろコンフィ バルサミコソース	¥1,600
自家製スイーツ、季節のジェラート	各¥400
ランチ（月～水）	¥1,000～
土・日曜日&祝祭日のゆったりランチコース	¥1,600～

※全て税別表記

パンやデザートまで手作り。珍しいもの、新しい味に出合えます。敷居は高くありませんのでお気軽に（笑）。

オーナーのジルコさん

(住) 高崎市通町2-3 安藤ビル1F
(TEL) 027-329-6444
(営) 11:00～15:00（L.O.14:30）※金曜日はランチ休、17:00～23:00（L.O.22:30）
(休) 木曜
(URL) フェイスブックあり
(¥) カード使用可 (予) 予約可
(席) 18席、全席禁煙 (P) 無し

| ACCESS |

高崎駅から北西へ約500m（徒歩で約7分）

厳選食材を使った極上料理で
忘れられない記念日に

地産地消

euro dining claret

ユーロ ダイニング クラレット

イタリアン、フレンチ（高崎市）

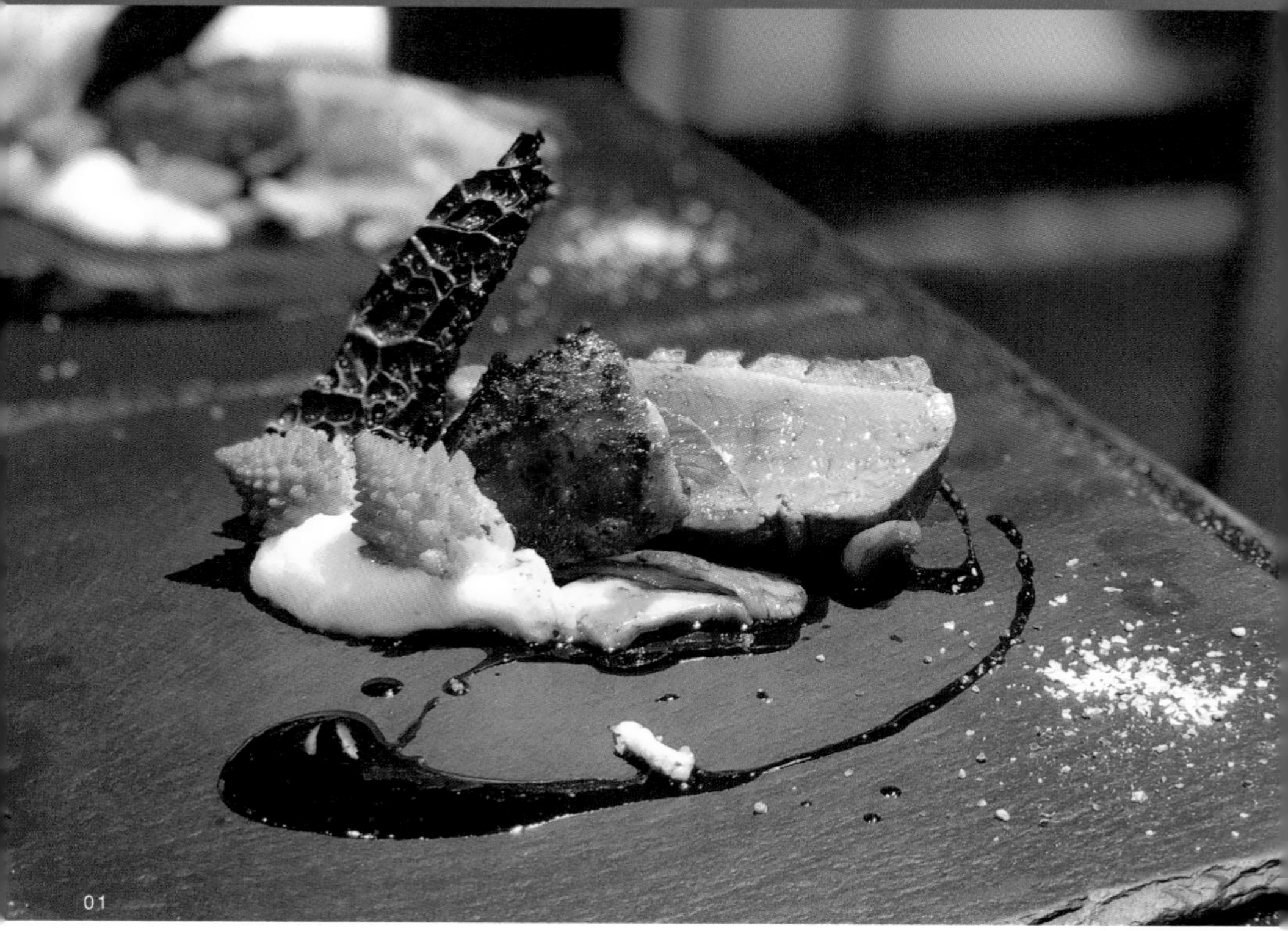

01

地元産の新鮮な野菜や国産牛、日本各地の漁港から仕入れる魚介類、ヨーロッパのおいしい産地から取り寄せる厳選食材など、食材選びには徹底的にこだわり、時間をかけて丁寧に調理。化学調味料を一切使わず、まるごと仕入れた肉の骨からスープをとるなど、素材本来のパワーを生かした料理でもてなします。

フレンチとイタリアンの二つの食文化を楽しめるのも同店の魅力です。手間暇をかけた盛り付けも美しい料理は、オーナーシェフのセンスが光る逸品ばかり。ディナータイムには、コース料理のほか、アラカルトも豊富で、好みのコースを組み立てて楽しむのもおすすめです。特別な日の食事を最高の思い出にしてほしいと、記念日用のコースも用意。大切な人と共有するおいしい時間は、きっと忘れられない瞬間になるはず。

05

03

04

06

02

01／美しい盛り付けは目でも楽しめます。写真は、「小鴨のロティ ポワブラードソース」。02／大切な人との距離が縮まる素敵な空間。03／独創的なセンスを感じる「猪とパッケリのボロネーゼ」。4／華やかなデザート盛り合わせ。05／フランス産を中心にワインを豊富にラインナップ。06／新鮮な魚介を盛り込んだサラダ。

MENU

LUNCH

パスタランチ	¥1,300～
魚ランチ	¥1,600～
肉ランチ	¥1,700～

DINNER

アラカルト	¥900～
コース	¥3,000～
記念日用特別コース	¥6,000

記念日にはぜひ大切な人とお越しください。最高の時間をお約束します。

㊟高崎市旭町33 ℡ 027-386-9775
㊪11:45～15:00、
18:00～22:00（日曜は21:00まで）
㊡水曜、第1日曜
URL フェイスブックあり
¥ カード使用可 ㊀予約可
㊢22席、全席禁煙 Ⓟ 夜のみ提携駐車場利用可

| ACCESS |

高崎駅から北へ約270m（徒歩で約4分）

オーナーの橋爪大介さん
有理さん夫妻

心まで満たされる
美しくやさしい珠玉のフレンチ

Restaurant La Ruche

レストラン ラ リューシュ

フレンチ(高崎市)

地産地消

01

訪れた人、誰もがたちまちファンになる家庭的な雰囲気のフレンチレストラン。櫻井浩オーナーシェフがご夫妻で始めた同店には、都内の有名フレンチレストランで修業を積んだご長男とパティシエの奥様が7年前から、さらに2019年からはフランスのレストランやワインバルで腕を磨いたご次男が集結。「四季の味を一皿にたくして」のコンセプトはそのままに、仲良しファミリーがそれぞれの持ち味を発揮しておいしさのハーモニーを奏でています。

地元食材をふんだんに使った色彩豊かな料理は、思わず歓声が上がるほどの美しさ。作り手の豊かな人間性がやさしい味わいとなって、ゲストを深い感動で包み込みます。「メニューにないお料理の方が多い」というほどレパートリーは豊富。年に3回は開かれるイベントでは、その都度新しい料理が登場します。おいしく美しい料理と温かなサービスで、心まで満たされる時間が過ごせます。

05

03

04

06

02

01／県産和牛モモ肉のロースト県産野菜添え。フランスの郷土料理ドフィノワも味わえます。02／新玉ねぎの甘みが存分に引き出されたヴルーテ。コンソメゼリーとの相性も抜群です。03／季節の花々で美しく彩られています。04／可愛らしい焼き印が入ったパン。05／専属のパティシエが作るデザートに心が華やぎます。06／パーティールームもあり、テーブルの上には庭で育てた花たちが飾られています。

MENU

LUNCH&DINNER

魚介類のクレープ包み焼き	¥1,700
チキンソテーのガーリックソース	¥950
仔羊の香草焼 アルル風	¥1,900
オードブル5品の小皿料理（2名様より）	¥4,000
本日の魚介類のタルタル トースト添え	¥1,000
グラスワイン	¥600～

※全て税別表記

親しみやすいけれど、妥協しない本物の味を届けます。「楽しかった」とおっしゃっていただくのが、何よりの喜びです。

オーナーシェフの櫻井浩さん（右）
ご長男の康智さん（左）

(住) 高崎市上豊岡町555-7 (TEL) 027-326-8382
(営) 11:30～14:00 (L.O.)、17:30～21:00 (L.O.)
(休) 火曜（祝日の場合、翌日休）
(URL) http://restaurantlaruche.jimdo.com
(¥) カード使用可（ディナーのみ） (予) 予約可
(席) 34席、全席禁煙 (P) 24台

| ACCESS |

群馬八幡駅から東へ約1km（車で約3分）

カジュアルな雰囲気で味わうプロの味
フレンチへの扉を開けるビストロ

Bistro Queux

ビストロ クー

フレンチ（高崎市）

01

本格的なフレンチを気取らず楽しめる人気のビストロ。「フランス料理の入り口になりたい」と話すのはオーナーシェフの梁瀬晃洋さん。上質の料理を手の届きやすい価格で提供したいと、調理からサービスまで一人でこなします。

満席時は目が回る忙しさですが料理に一切の妥協はなし。一皿一皿に丁寧な仕事ぶりが感じられます。例えば「ハンバーグのチーズ焼き」にたっぷりかかったデミグラスソースは、店に泊まり込み3日間かけて仕込んだもの。深いコクのある味わいです。「本日の白身魚のポワレ」は、魚の出汁から作る軽やかなバターソースが魚のおいしさを引き立てます。

「おいしいものを楽しく」が同店のモットー。シェアしてもよし、お箸で食べてもよし。堅苦しいルールはありません。料理を口に運んだ瞬間、思わず頬が緩む。そんな体験がフレンチの扉を開けてくれます。

03

02

04

01／「本日の白身魚のポワレ」（1,850円）。取材日はスズキ。自家製ドライトマトがバターソースに爽やかな酸味をプラス。02／自慢のデミグラスソースがたっぷりかかった「ハンバーグのチーズ焼き」（1,270円）。03／ライブ感溢れる調理やシェフとの会話を楽しめるオープンキッチン。04／1週間前から仕込む「牛たんのシチュー」（2,800円）。手間暇かけて作り出される贅沢な味わいを堪能できます。

MENU

LUNCH

本日の白身魚のポワレ	¥1,850
ハンバーグ	¥1,450
牛ヒレの細切りのソテー	¥2,450

※3品ともソースは月替わり。ランチはサラダ・スープ・パン・ライス・コーヒー付き

DINNER

オードブル（月替わりで6品）	¥890～
牛たんのシチュー	¥2,800
季節フルーツとバニラアイスのデザート	¥860～

本物のフレンチの味を知るきっかけになってほしい。自分に今できる最高の仕事をすることを、日々心掛けています。

オーナーシェフの梁瀬晃洋さん

住 高崎市中居町1-7-5 TEL 027-333-5690
営 11:30～14:00（L.O.13:30）、
17:30～22:00（L.O.21:30）
休 水曜、第3木曜
URL https://bistro-queux.jimdofree.com
¥ カード使用不可 予 予約可（ランチは11:30～12:30まで）
席 14席（ディナータイムのカウンター席のみ喫煙可）
P 3台

| ACCESS |

高崎駅から東へ約2.5km（車で約7分）

大人な時間

アットホームなビストロで
ホテル仕込みの至極のフレンチを

BISTRO KNOCKS 高崎店

ビストロ ノックス たかさきてん

フレンチ（高崎市）

01

高崎の繁華街にあるアットホームなビストロ。オーナーシェフの横山さんがヨーロッパを中心とした諸外国から空輸した高級食材やこだわりの国産素材を厳選し、ホテル仕込みの腕を振るいます。

グランドメニューのほか、おすすめを日々10種類近く店頭でインフォメーション。コースではなく、好きな料理をチョイスして組み合わせるのがノックス流の楽しみ方です。「お客さまの好みのテイストを意識している」という横山さん。少しでも手が空くと城であるキッチンから出て客席に足を運び、会話の中からお客さまの好みや趣向を汲み取ります。

ほぼすべてのお客さまがオーダーするほど人気なのが、ジャガイモとタレッジョのオーブン焼き。ほくほくのジャガイモにミルキーなタレッジョチーズが絡む逸品です。100g単位で選べるステーキも好評。500種類のワインからお気に入りを選べる楽しさも格別です。

05

03

04

06

02

01／国内外の四季折々の食材を生かした本格フレンチ。大勢で行くと、いろいろなメニューがオーダーできて楽しさ倍増。02／木をふんだんに使った明るい店内。03／ホテルグランビュー高崎隣。白い扉が目印です。04／芳醇なコクと香りのフランス産鴨肉をユッケスタイルで（1,300円）。05／広島産牡蠣は、濃厚な甘みがダイレクトに感じられる「生」で（1,200円）。06／ほくほくとろ〜りがたまらない「ジャガイモとタレッジョのオーブン焼き」（1,200円）。

MENU

DINNER

広島県産高圧処理された生牡蠣（3個）………… ¥1,200
酒井さんのジャガイモとタレッジョの
オーブン焼き ………………………………… ¥1,200
フランス産鴨肉のユッケスタイル ……………… ¥1,300
じゃがいものガレット 生ハムを添えて ………… ¥1,150
knocksの肉盛（4種類）……………………… ¥5,000〜
グラスワイン ………………………………… ¥500〜

※全て税別表記

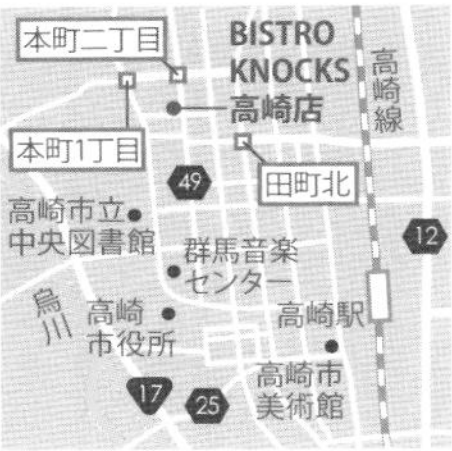

㊟ 高崎市柳川町83-2
TEL 027-320-7030
営 18:00〜23:00（L.O.22:00）
休 日曜、祝日
URL http://takasakiknocks.jp/
¥ カード使用可 予 予約可
席 14席、全席禁煙 P 無し

| ACCESS |
高崎駅から北西へ約2km（車で約7分）

和のテイストを盛り込んだお弁当もスタート。30種類とバラエティ豊かな上「冷めてもおいしい」と好評です。

オーナーシェフの横山明伸さん

素材を生かした多彩な料理を
しゃれた空間で味わう幸せ

スペイン料理 POTORO

ポトロ

スペイン料理（高崎市）

Potoro

大人な時間

01

京都の老舗バルで修業を積んだオーナーの相馬徹さんが「スペイン料理をみんなで気軽に楽しめるように」とオープン。今でも年に数回はスペインを中心とした欧州に出向くオーナー自身がコンセプトに合った料理を展開しています。

絶対味わってほしいのが、日本でも十数本のみしか仕入れがないイベリコ・デ・ベジョータ。ドングリだけを食べて育ったイベリコ豚を使った世界最高級の生ハムで、濃厚な肉の旨味と舌の上でジワーッととける脂身に心までとろけるようです。開店以来圧倒的な人気を誇るのが、アヒージョ。アサリやシジミなど貝でとった出汁を使うのが特徴で、程よい甘さと塩気が素材の味を引き立てます。

メニューにないものでもリクエストに応じてくれる柔軟さ、予め伝えておくとメッセージ入りのデザートプレートを用意してくれる心遣いがうれしい同店。パーティーや記念日使いにもおすすめです。

03

04

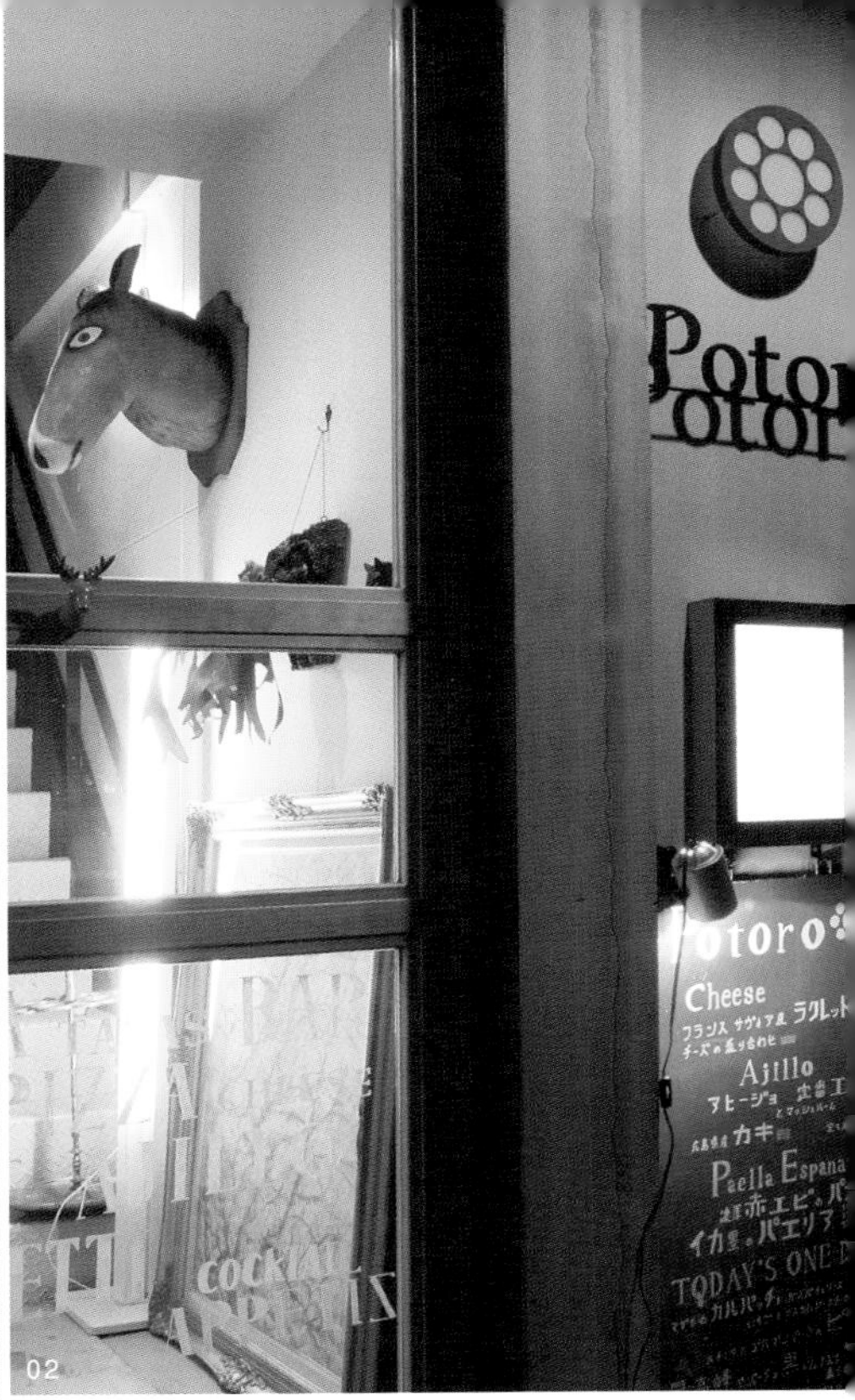

02

01／エビの旨味がしっかり生きたパエリアは、パーティーでも人気（1,500円）。02／POTOROはスペイン語で「馬」。入り口ではユニークな表情のPOTOROがお出迎え。03／女性一人でも気軽に立ち寄れるカウンター席もあります。04／「イベリコ・デ・ベジョータ」（1,850円）は、一度食べたら病みつきになるスペイン産最高級生ハム。

MENU

DINNER

エビのアヒージョ	¥850
上州和牛いちぼの炭火焼	¥1,850
濃厚赤エビのパエリア	¥1,500
マッシュルームと生ハムのオーブン焼き	¥780
いちごとマスカルポーネ 生ハム添え	¥880
バスク風チーズケーキ	¥400

※季節により内容を変更いたします。 ※全て税別表記

スペイン料理を知るきっかけになってくれるとうれしいです。気軽にお越しください♪

㊟ 高崎市通町64 2F ℡ 027-395-0382
営 18:00〜24:00 （L.O.23:30）
休 不定休
¥ カード使用可
予 予約可
席 60席 Ⓟ 無し

| ACCESS |
高崎駅から北西へ約550m（徒歩で約8分）

コメント／オーナーの相馬徹さん
写真／ポトロくん

極上を知る大人をうならせる
斬新な創作和食と銘酒

和モダン

和食 爨 kashigi

かしぎ

和食（高崎市）

01

上質を知り尽くした大人の店。日が落ち始めると同時に、コンクリートの打ちっぱなしの門柱に灯る明かりが目印です。エントランスに続く石畳のアプローチは、日常と非日常をつなぐ架け橋。落着きのあるドアを開くと、大きなワインセラーが迎えてくれます。

都内や京都の和食店で修業を積んだオーナーシェフの阿部太一さんが、2017年にオープン。初めての人でも、気兼ねなく訪れることのできる都会的なスマートな雰囲気が魅力です。阿部さんが大切にしているのは、季節感と意外性。「せっかく来ていただくのですから『家では作れない』と思われるものを提供したい」と話します。料理を引き立てる器は、寸法や釉薬まで指定して焼き上げてもらうオリジナル。盛り付けの美しさに胸が躍り、お箸をつけるとそのおいしさに心を打たれます。秘密にしておきたいけれど教えずにはいられない新鋭店です。

03

04

02

01／トリュフを散らした「ポテサラ黒トリュフ」(700円)。いただくときは半熟卵を絡めながら。02／「牛タンの肉じゃが」(1,500円) も好評。03／料理人たちの華麗な包丁さばきが見られるカウンター。窓の外には、季節を感じさせる枝ものがダイナミックに生けられています。04／しっとりと落ち着いた個室。

MENU

DINNER

お造り盛り合わせ	¥1,800〜
京都大原蒸し野菜 雲丹のバーニャカウダー	¥1,800
上州牛のメンチ (2個)	¥800
鰻と黒トリュフの蒸籠蒸し	¥2,800
ラムチョップの西京焼き	¥1,600

お料理も食器も雰囲気も。
非日常をお楽しみください。

㊟ 高崎市羅漢町18-1 チェルキオ羅漢1F
TEL 027-381-8891
営 17:00〜24:00 (L.O.23:00)
㊡ 日曜
URL http://kashigi.com/
¥ カード使用可 予 予約可
席 32席、全席禁煙 P 無し

| ACCESS |
高崎駅から北へ約650m (徒歩で約9分)

コメント／オーナーシェフの阿部太一さん
写真／ショップカード

柔軟な発想から生まれる和食
季節のおいしさを目と舌で堪能

旬彩 和人良

しゅんさい わじら

和食（高崎市）

和モダン

01

高崎市の街中にひっそりと佇《たたず》む、こぢんまりとした和食店。店主の飯沼勇一さんは、高校卒業後すぐに東京の日本料理店で腕を磨き、24歳の若さで独立。オープンから11年、確かな技術と若い感性で、「和人良」を地元で評判の店へと成長させてきました。

「和食の堅苦しいイメージを払拭したい」と話す飯沼さん。ホタルイカのふき味噌和えを春巻きに仕立てたり、ズワイガニを菜の花のおひたしと合わせたり。柔軟な発想で旬の食材に独自のエッセンスを加え、何度通っても飽きない料理を提供しています。

通年楽しめる「スッポンコース」も人気。生き血の清酒割りから、レバ刺し、たたき、鍋、雑炊までスッポンを丸ごと1匹堪能できます。

料理を引き立てる器や、季節感溢れる盛り付けにもこだわりが。味はもちろん、見た目でも楽しませてくれます。

05

03

04

06

02

01／3,850円コースのお造り。仕入れた魚を数日寝かせ、旨味が出た最高のタイミングで提供しています。02／小上がりの座敷席は家族連れにも人気。03・05／カウンター席は店主・飯沼さんの丁寧な仕事ぶりを眺めながら会話も楽しめます。04／スッポンを丸ごと１匹堪能できる「スッポンコース」(14,300円)。06／季節感を大切にした色彩豊かな一皿がそろいます。「毛ガニの玉子炒め」(1,100円)。

MENU

DINNER

コース	¥3,850〜¥8,800
スッポンコース（1匹／2〜4名分）（3日前までに要予約）	¥14,300
お造り盛り合わせ	¥1,540〜
鯛飯	¥935
牛タン厚切り焼き	¥1,320
お祝い膳（テイクアウト・要予約）	¥2,268〜

食材のおいしさを引き出せるよう、丁寧な仕事にこだわっています。季節の味を楽しみにご来店ください。

店主の飯沼勇一さん

㊟ 高崎市宮元町229 大手前ハイツ1F
TEL 027-322-2113
営 17:30〜23:00
（料理L.O.22:00、ドリンクL.O.23:30）
休 木曜
URL フェイスブックあり
¥ カード使用可　予 予約可
席 24席、全席禁煙　P 無し

ACCESS

高崎駅から西へ約800m（徒歩で約10分）

四季折々の「馳走」の数々
行きつけにしたい粋な和食店

馳走 なか川

ちそう なかがわ

和食（高崎市）

大人な時間

01

店主の中川賢治さんが、山を歩いて旬の山菜やキノコを収穫したり、からすみを自家製したり、ヒレ酒に使うヒレを天日干ししたり。大切なお客さまの喜ぶ顔を思い、走り回って準備した〝馳走〟がいただける大人の和食店です。

鰹節や昆布などを使って丁寧にとった出汁の数は、なんと8種類。料理によって変えているほどのこだわりようです。大阪で修業を積んだことから、フグやクエ、うどんすきやすき焼きなど、関西の味わいも楽しめます。お酒は、週替わりで味わえる10種類の日本酒や、ソムリエの資格を持つ中川さんが選んだ和食に合う約30種類のワインと豊富に用意されています。

シメは蕎麦。北海道産の蕎麦粉を使い、シメに相応しいつるりとした食感が味わえるよう、あえて十割ではなく九割で細目に仕上げています。細やかな気配りに美酒佳肴《びしゅかこう》、本物がわかる大人が、至福の一時を味わうのにぴったりです。

03

05

03

04

02

01／月ごとに替わるコース料理（5,000円）。熟練ならではの技を感じる逸品ぞろいです。02／さりげなく添えられた飾り細工も見事です。03／1階はカウンター席。2階はすべて個室で、法事やお祝いの席にもぴったり。04／ヒレ酒に使うヒレは、丁寧に処理をしてから天日干し。05／泳いでいるように焼き上げた日本料理らしい演出。

MENU

DINNER

日替わりの佳肴	¥500〜
シメの手打ち蕎麦（9割蕎麦）	¥690〜
おまかせコース（月替わり）	¥5,000〜
おまかせコース（月替わり）	¥8,000〜
とらふぐコース	¥11,000〜
日本酒（正1合）	¥600〜

※全て税別表記

宴会予約は一週間前からお願いします。「馳走」のために、長めにお時間をいただいております。心づくしの品々をご堪能ください。

店主の中川賢治さん

㊟ 高崎市和田町12-3 TEL 027-325-0728
営 17:50〜22:30（L.O.22:00）
休 日曜
URL フェイスブック・インスタグラムあり
¥ カード・電子マネー使用可 予 予約可
席 26席、全席禁煙 P 7台

| ACCESS |

高崎駅から南へ約750m（徒歩で約10分）

記念日に訪れたい
特別感溢れる隠れ家レストラン

フランス食堂 BISTRO EUGENE

ビストロ ユジェーヌ

フレンチ（富岡市）

大人な時間

01

幹線道路沿いにありながら、ひっそりとした外観が隠れ家のような雰囲気を醸し出す同店。石畳の細いアプローチから店内に入ると、シックで落ち着いたプライベート空間が広がります。

特別な日の食事時間にふさわしい空間をと、席はすべて個室。「記念日に味わう特別な食事」をコンセプトに、手間暇かけたフレンチのコース料理を提供してくれます。

野菜から魚介類まで採れたての新鮮食材にこだわり、素材を生かした調理で美しく盛り付け。出来たての料理を提供したいとディナーは完全予約制で、予算や要望に対応してくれます。

時間をかけてゆっくり味わえる贅沢なランチタイムや、記念日の食事に人気が高く、人生の記念日にはいつも訪れるという人もいるほどです。また、予約制の特選弁当（テイクアウト）もおすすめです。

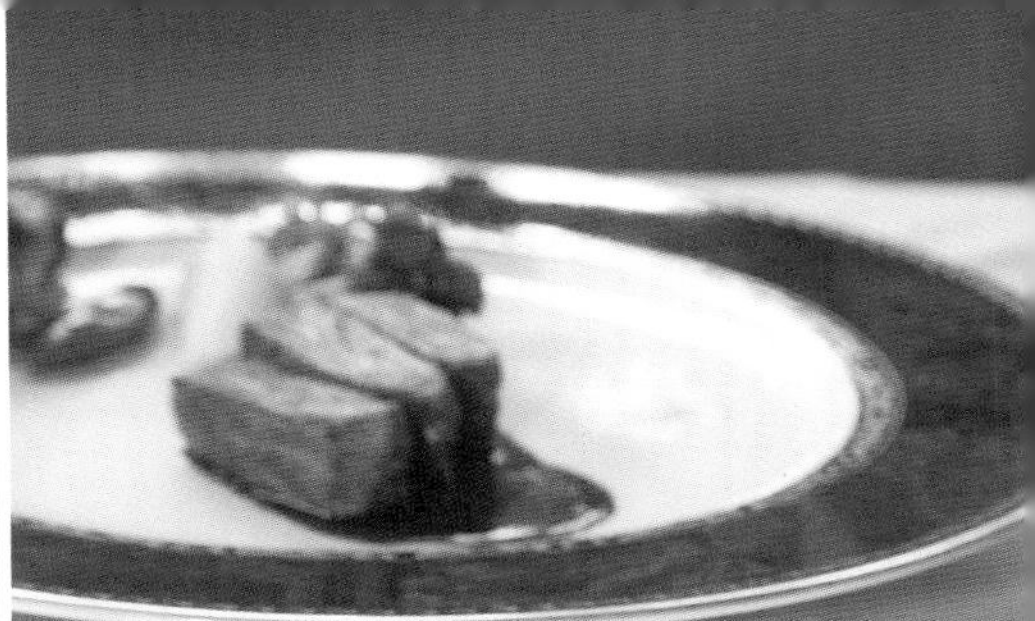

01／フランスパンのサンドイッチ「キノコのタルティーヌ」。02／「季節のカルパッチョ」と「牛フィレ肉のロースト赤ワインソース」。03／「ジャガイモのガレット キャロットラペと生ハム添え」。04／石畳のアプローチを進むほどに期待が高まります。05／人数に応じて四つの個室の用意。周りを気にせずゆっくり過ごせるプライベート空間。

MENU

LUNCH

プチコースランチ	¥1,628
フルコースランチ	¥2,750
おまかせコースランチ	¥4,400

DINNER

プチコースディナー	¥3,300～
フルコースディナー	¥4,400～
おまかせコースディナー ＊応予算	¥5,500～

記念日の晩餐に心を込めた料理でおもてなしいたします。特別な日の思い出づくりに、ぜひ当店をお役立てください。

オーナーシェフの今井裕さん

㊟ 富岡市七日市456-3
℡ 0274-62-5300
㊔ 11:30～13:30 (L.O.)、17:30～21:00 (L.O.)
㊡ 月曜、不定休あり
URL https://bistroeugene.com/
¥ カード使用可 ㊕ 予約可（ディナーは要予約）
席 20席（全個室）、全席禁煙 Ⓟ 15台

ACCESS

西富岡駅から北へ約700m（徒歩で約10分）

四季移ろう日本庭園を眺めながら
趣ある和空間で味わう芳醇な蕎麦

そば岡部

そばおかべ

蕎麦・和食（藤岡市）

和モダン

01

開放的な座敷と落ち着いた個室、くつろぎのカウンター席と、それぞれに趣の異なる空間がお出迎え。どの席からも日本庭園の借景が望め、四季の移ろいを感じながらゆっくりと食事を楽しめます。

そんな風情ある和空間で味わえるのは、香り豊かな北海道産の蕎麦粉を使った二八蕎麦です。店主こだわりの蕎麦は、細めでつるりとした喉越し。辛口のつゆと相まって爽やかな味わいです。風味の異なる2種類の蕎麦を食べ比べるのもおすすめです。

ランチタイムには、そば豆腐やデザートまで付いたセットを1,150円とリーズナブルに提供。おしゃれに蕎麦ランチを楽しめると、女性客にも人気です。出汁の効いた「出し巻き玉子」など、一品料理も好評で、蕎麦通も数多く訪れる人気店です。

01／天ぷらとそば豆腐、デザートまで付いたランチセット。02／さりげない仕切りがプライベート感を演出する座敷。03／風味が異なる2種類の蕎麦をぜひ食べ比べてみて。04／中庭の庭園が美しい個室。05／出し巻き卵やそばがきなどの一品料理もおすすめです。

MENU

LUNCH

ランチセット（蕎麦・そば豆腐・野菜天・デザート）…… ¥1,150

LUNCH&DINNER

もりそば …… ¥740
田舎そば …… ¥740
鴨汁そば …… ¥1,320
天付きそば …… ¥1,700
出し巻き玉子 …… ¥960

ゆったりとくつろぎながら、風味豊かな蕎麦をお楽しみください。

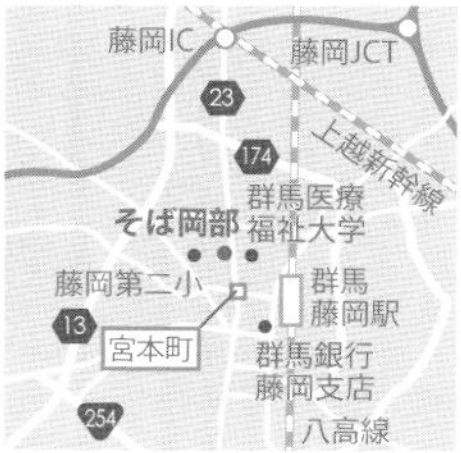

住 藤岡市藤岡939-1 TEL 0274-24-8118
営 11:30～14:30（L.O.14:00）、17:30～20:30（L.O.20:00）、蕎麦がなくなり次第終了
休 水曜
¥ カード使用不可 予 予約可
席 30席、全席禁煙
P 12台

ACCESS

藤岡ICから南へ約2.4km（車で約7分）

コメント／オーナーの岡部茂男さん
写真／入り口の表札

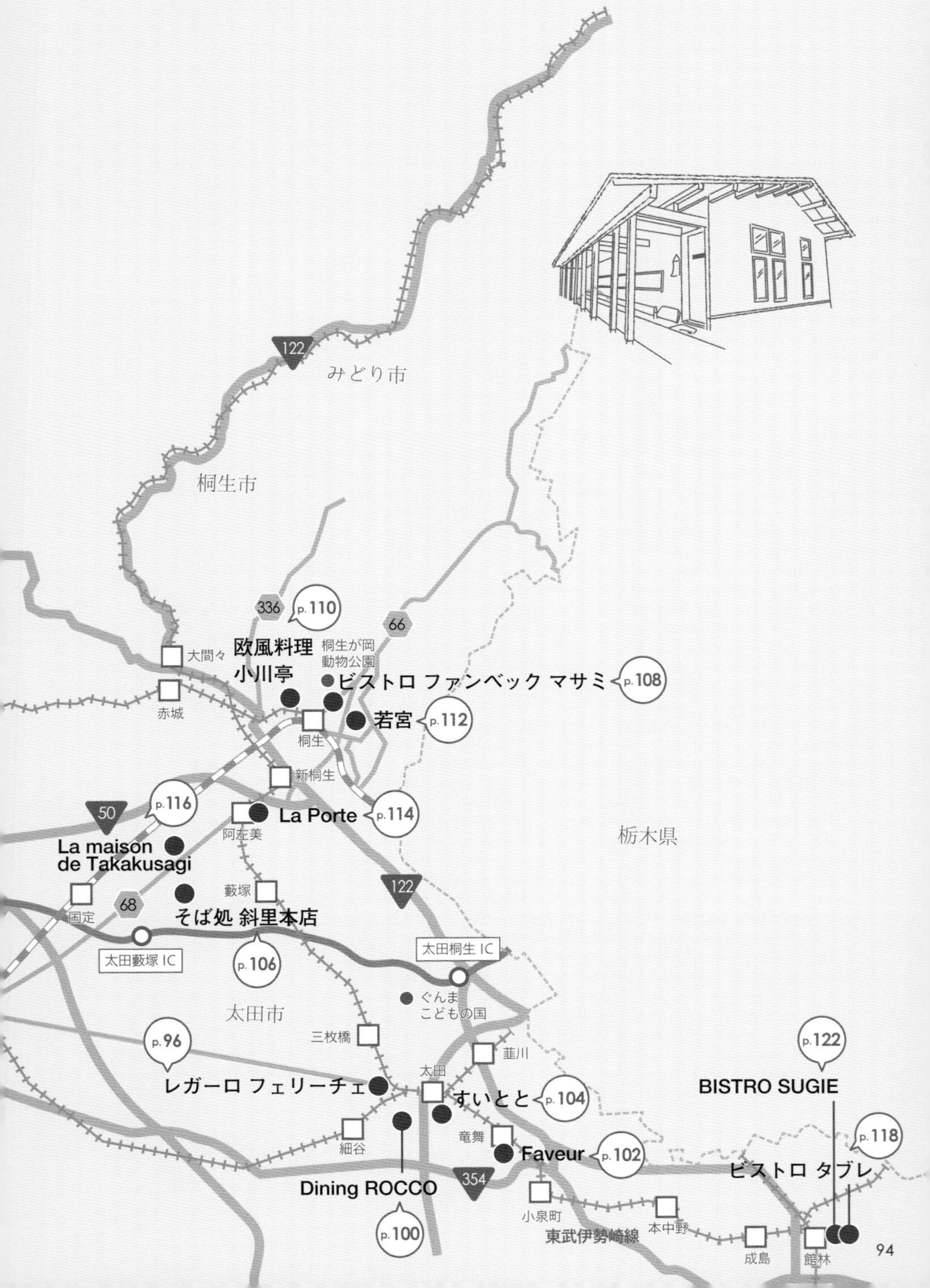

122
みどり市
桐生市
336
p.110
66
欧風料理
小川亭
桐生が岡
動物公園
ビストロ ファンベック マサミ
p.108
大間々
赤城
桐生
若宮
p.112
新桐生
50
p.116
La Porte
p.114
阿左美
La maison
de Takakusagi
栃木県
国定
68
藪塚
そば処 斜里本店
122
太田藪塚 IC
p.106
太田桐生 IC
ぐんま
こどもの国
太田市
三枚橋
p.96
韮川
太田
レガーロ フェリーチェ
すいとと
p.104
p.122
BISTRO SUGIE
細谷
竜舞
Faveur
p.102
p.118
ビストロ タブレ
354
Dining ROCCO
小泉町
本中野
東武伊勢崎線
p.100
成島
館林

太田・桐生
周辺、その他のお店

OHTA&KIRYU

全国有数の工業都市・太田市と織物のまち桐生市を中心とした東部エリア。歴史と文化が息づく街ならではの、情緒溢れるお店も見られます。ここでしか食べられないオンリーワンに出合える13軒をご紹介します。

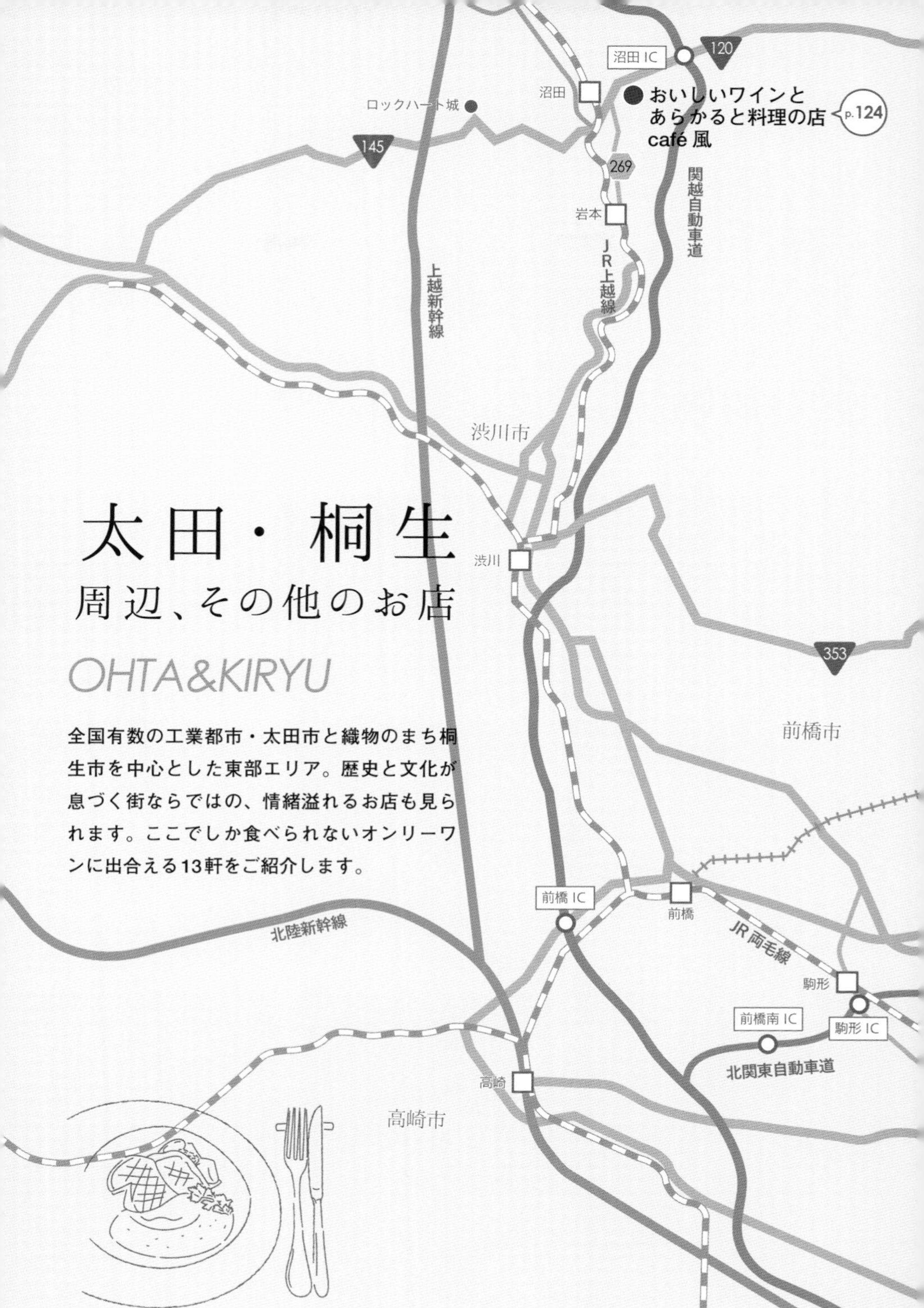

手間を惜しまず育てた野菜で作る
体が喜ぶイタリア料理

レガーロ フェリーチェ

地産地消

イタリアン（太田市）

01

閑静な住宅街に溶け込む小さなイタリアンレストラン。オーナーシェフの今井謙一さんの実家を手直しした店内は、床の間も神棚もそのままに、和の空間が広がり、まるで家に帰ってきたような落ち着いた雰囲気に包まれています。

本場イタリアで3年、日本各地の名立たるレストランで経験を積んだシェフがもてなすメニューは、週替わりのコース料理。専用の畑で家族が作る、年間約100種類にのぼるという無農薬野菜を中心に、魚も肉も厳選した市場から直に仕入れた滋味豊かな素材ばかり。今しか味わえない旬で彩った一皿一皿に季節が描かれています。セレクトできるパスタ料理の中にはシェフのお父様が蕎麦の栽培から手掛けたざる蕎麦もラインナップする、ほかにはないスタイルが魅力的です。石臼で自家製粉し、打ち方までこだわった蕎麦は風味が際立ち文句なしのおいしさで、追加注文する人が多いのも納得です。

01／野菜の9割が自家製オーガニックを使用しているレガーロコース（2,000円）。メニューは週替わり。02／友人の家に訪れたようなほっとくつろげる、床の間のある店内。03／シェフのお父様による香り高い手打ちそば。04／自家製ピクルスやカルパッチョが並ぶ全6品の前菜盛り合わせ。05／栽培する新鮮野菜を販売。

06

ランチもディナーもコース料理が基本ですが、記念日や会合でアレンジしたいなら、予約で希望価格の料理も対応してくれます。手間をかけたシェフオリジナルの野菜やフルーツを練り込んだ手作りパンやフォカッチャはお土産に、デザートケーキはクリスマスや誕生日にデコレーションケーキで予約する人もいます。また、路地栽培している無農薬野菜は口コミで評判となり、買い求める人が増えて店先に販売コーナーを設置。採れたて野菜は、瞬く間に売れてしまうそうです。心地よい空間、健康的で工夫の凝らした料理にリピーターが増えています。少ない席数なので、予約がおすすめです。

「お客さまに食事から幸せになっていただければ」の思いを込めた店名は、イタリア語で「幸せな贈り物」。元気を呼び起こしてくれそうな、太陽をたっぷりと浴びた野菜料理の数々は心も体も癒やし、安らぐ時間を与えてくれます。

09

07

08

06／開放感のある店内に18席。できれば予約を。07／思わず笑みがこぼれるデザート盛り。08／緑色の大きなタペストリーが目印。09／絶妙な焼き加減の牛肉。本日のメイン肉料理。

MENU

LUNCH

Regaloコース	¥2,000〜
Feliceコース	¥3,500〜

DINNER

Feliceコース	¥3,500〜
Speciale	¥6,000〜

※予約で希望価格のコースも可

無農薬野菜・旬の食材を味わいに、ぜひお越しください。

オーナーシェフの今井謙一さん

㊟ 太田市西本町67-21 ℡ 0276-32-2665
㊢ 11:30〜15:00（L.O.14:00）、17:30〜22:00（L.O.20:30）
㊡ 日曜夜、月曜、第3火曜
URL http://regalofelice-gunma.amebaownd.com/
¥ カード使用不可 ㊯ 予約可（要予約）
席 18席、全席禁煙 Ⓟ 7台

| ACCESS |
太田駅から西へ約2.5km（車で約8分）

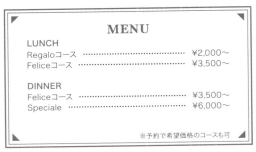

オーガニックワインとともに
たっぷりの上州野菜とシカゴピザを

Dining ROCCO

ダイニング ロッコ

イタリアン（太田市）

01

店名の「ROCCO」は、イタリア語で「休息」。「癒やしの場所でありたいという思いを込めています。白を基調としたこの空間で楽しい時間を過ごしてもらい、また明日から頑張ってもらいたい」とオーナーの宮澤真里子さん。気軽におしゃれにワインと食事を楽しめる場所を提供したいと、定期的にワイン会を開催しています。「ROCCOだからできるワインの飲み方をしていきたいですね」といいます。誕生日などのアニバーサリーサプライズにも力を入れている同店。別料金なしでフラッグやバルーンなどの飾り付けを行い、スタッフが好みに合わせて演出してくれます。

北関東では珍しいシカゴピザが楽しめるのも魅力の一つ。本場の味を再現しつつ、日本風にアレンジしています。ボリュームはありますが、チーズだけでなく具材もたくさん入っているので、見た目よりもライトな食べ応えで女性でも完食できる人気メニューです。

03

05

04

02

01／とろとろのチーズとたっぷりの野菜が楽しめるシカゴピザS（1,760円）。02／白を基調としたエレガントな店内。03／上州の野菜、季節の盛り合わせ（1,078円）。04／ママ友同士のランチ会にも人気な半個室スペース。05／青空にひときわ映える真っ白な外観。

MENU

LUNCH&DINNER

ランチセット	¥1,210
シカゴピザS	¥1,760
自家製ローストビーフ	¥1,320
上州の野菜 季節の盛り合わせ	¥1,078
季節のパスタ	¥1,080
かけすぎチーズパスタ（ディナー限定）	¥1,280

ワイン好きオーナーが選んだオーガニックのワインと、おいしい野菜の料理をお楽しみください。

(住) 太田市新井町377-16 (TEL) 0276-60-5686
(営) 11:00～15:00、18:00～23:00
(休) 木曜
(URL) フェイスブックあり
(¥) カード使用可
(予) 予約可
(席) 24席、全席禁煙 (P) 4台

| ACCESS |
太田駅から南西へ約2km（車で約8分）

オーナーの宮澤真里子さん

ラグジュアリーな空間で
ゆったり味わう極上フレンチ

Faveur
ファヴール

フレンチ（太田市）

01

「ゆっくりと食事を楽しんでほしい」―そんな思いが込められた、ラグジュアリー感溢れる空間で提供されるのは、時間をかけて丁寧に調理された極上のフランス料理。メニューは、おまかせコースのみで、その時々の旬の厳選食材を使った料理を楽しめます。

色彩豊かに盛り付けられた料理は絵画のように美しく、目でも楽しめる贅沢な逸品。肉のやわらかさを保つために低温でじっくり熱を加えるなど、素材のおいしさを引き出すために手間暇を惜しまないこだわりは、一口味わえば分かります。添えられた野菜一つとっても、素材が持つ自然な甘味と香りが感じられます。花野菜のカリフローレなどといった欧州野菜が贅沢に盛り込まれ、豊かな食を堪能できます。

また、同店の料理を家庭でも味わえる、テイクアウトメニューは、ホームパーティーでのおもてなしに最適です。

03

05

04

02

01／ある日のディナーコースの魚料理には、スズキのポワレ～白ワインとアンコウを使ったソース～を（5,500円）。02／アナゴと里芋のテリーヌ・稚《ち》鮎《あゆ》のコンフィ・人参ピューレ・フルーツトマトを絵画のように盛り付けた美しい前菜の一皿。03・05／落ち着いた大人の空間で、贅沢なくつろぎ時間が過ごせます。04／ある日のランチコースメインは、鴨モモ肉のコンフィ～ローズマリー風味のグレイビーソース～で。

MENU

LUNCH
ランチコース（前菜・魚or肉料理・パン・デザート・コーヒーor紅茶）
……………………………………………¥3,300

DINNER ※予約の際にアレルギーや好みを伝えれば個別対応可
ディナーコース（アミューズグール［先付］・前菜・魚料理・口直し・肉料理・パン・デザート・コーヒーor紅茶）………… ¥5,500

TAKE OUT ※3日以上前に要予約
ローストビーフ 500g ……………………… ¥5,400～
パーティーメニュー 4人前 ……………………… ¥8,640～

「Faveur」は「恵み」や「親しみ愛される」という意味のフランス語。ゆっくりと時間をかけてお食事をお楽しみいただけるよう、最高の空間とお料理をご用意してお待ちしています。

コメント／オーナーシェフの中澤大哲さん

写真／お店の看板

㊟ 太田市龍舞町5348 B105 ℡ 0276-55-6878
㊮ 11:30～14:30（L.O.14:00）、
17:30～21:00（L.O.20:30）
㊡ 水曜、第2・4木曜
URL https://www.faveur-nakazawa.com/
¥ カード使用可 ㊫ 予約可
席 18席、全席禁煙 Ⓟ 2台（フリースペースあり）

| ACCESS |
竜舞駅から南東へ約500m（徒歩で約7分）

選び抜いた肴と季節の日本酒
一期一会の共演を楽しもう

すいとと

和食（太田市）

01

北海道、小田原、長崎といった漁港から直に仕入れた鮮度抜群の旬の魚と各地からの銘酒が味わえる「すいとと」。お酒をこよなく愛する店主の豊嶋さんは、暦のように移り変わる期間限定のお酒を楽しんでもらおうと、桜酒、バレンタイン酒など、日々異なる4タイプを提供。遊び心もある日本の食文化の奥深さを気付かせてくれます。四季を大切にした肴とお酒は、二度と出合えないかもしれない組み合わせです。

自然の力が息づく、群馬の季節野菜を使った「群馬の野菜の天ぷら盛り」や、絶妙な焼き加減の「炭焼きサーロイン」、ねぎトロに漬け物を加えた「ねぎトロとたくわんとろとろカナッペ」といった創作料理や果肉たっぷりのカクテル、ソフトドリンクも豊富です。モダンスタイルの店内には、足を伸ばしてくつろげる小上がりに掘りごたつもあります。太田駅から徒歩5分。今日の疲れは今宵のうちに。まずは一献いかがでしょう。

05

03

04

06

02

01／旬の魚で彩る「お刺身盛り合わせ」（1人前・1,078円、2人前から注文）。02／椅子の数を増減できる長いカウンター。03／太田駅南口から歩いて行けるアクセスのよさも魅力です。04／大きくて肉厚の「太刀魚の塩焼き」（時価）。05／面白みのある手に入りにくい銘酒がずらり。06／木のぬくもりがある心地よい店内。

MENU

DINNER

お刺身盛り合わせ（1人前）	¥1,078
季節の日本酒（1合）	¥968
焼き魚・煮魚	時価
群馬の野菜の天ぷら盛り	¥780
ねぎトロとたくわんとろとろカナッペ	¥693
炭焼きサーロイン	¥1,518

明日元気になれる、ぬくもりを感じられるお店を目指しています。

店長の豊嶋和義さん

㊟ 太田市飯田町1176-1 ℡ 0276-61-3575
㊋ 17:00～24:00
（フードL.O.23:00、ドリンクL.O.23:30）
㊡ 日曜（月曜が祝日の場合、日曜営業、月曜休）
URL インスタグラムあり
¥ カード使用可 ㊮ 予約可（電話、ネット）
席 19席、全席禁煙 Ⓟ 無し（近隣の市営駐車場等を利用）

| ACCESS |

太田駅から南へ約500m（徒歩で約5分）

北海道産打ちたて蕎麦と
備長炭カツオのつゆで行列のできる人気店

和モダン

そば処 斜里本店

そばどころ しゃりほんてん

蕎麦・和食（太田市）

01

理想の味を目指して、さまざまな産地の中から厳選した北海道産の蕎麦は、ほのかな甘みを感じる逸品。打ちとゆでにこだわり、コシのある歯応えとつるりとした喉越しが特徴です。さらに、北海道知床斜里産の蕎麦は、皮も一緒に挽いた蕎麦粉を使用。風味も香りもひと味違う二つの蕎麦を楽しめます。そんな蕎麦のおいしさをいっそう引き出すのが、蕎麦のために作られた醤油と、備長炭の炭火焼きカツオの出汁を合わせたつゆ。蕎麦との絶妙な相性で、芳醇な旨味を引き出します。その味は評判を呼び、連日、行列ができるほどの人気ぶりです。

おすすめは、蕎麦とかき揚げのセットメニュー。サクサクの食感の後に口の中に広がる甘さはたまらないおいしさです。地元産の新鮮な野菜を使った天ぷらも好評です。一度味わえば違いが分かる同店の蕎麦。並んでも食す価値ありです。

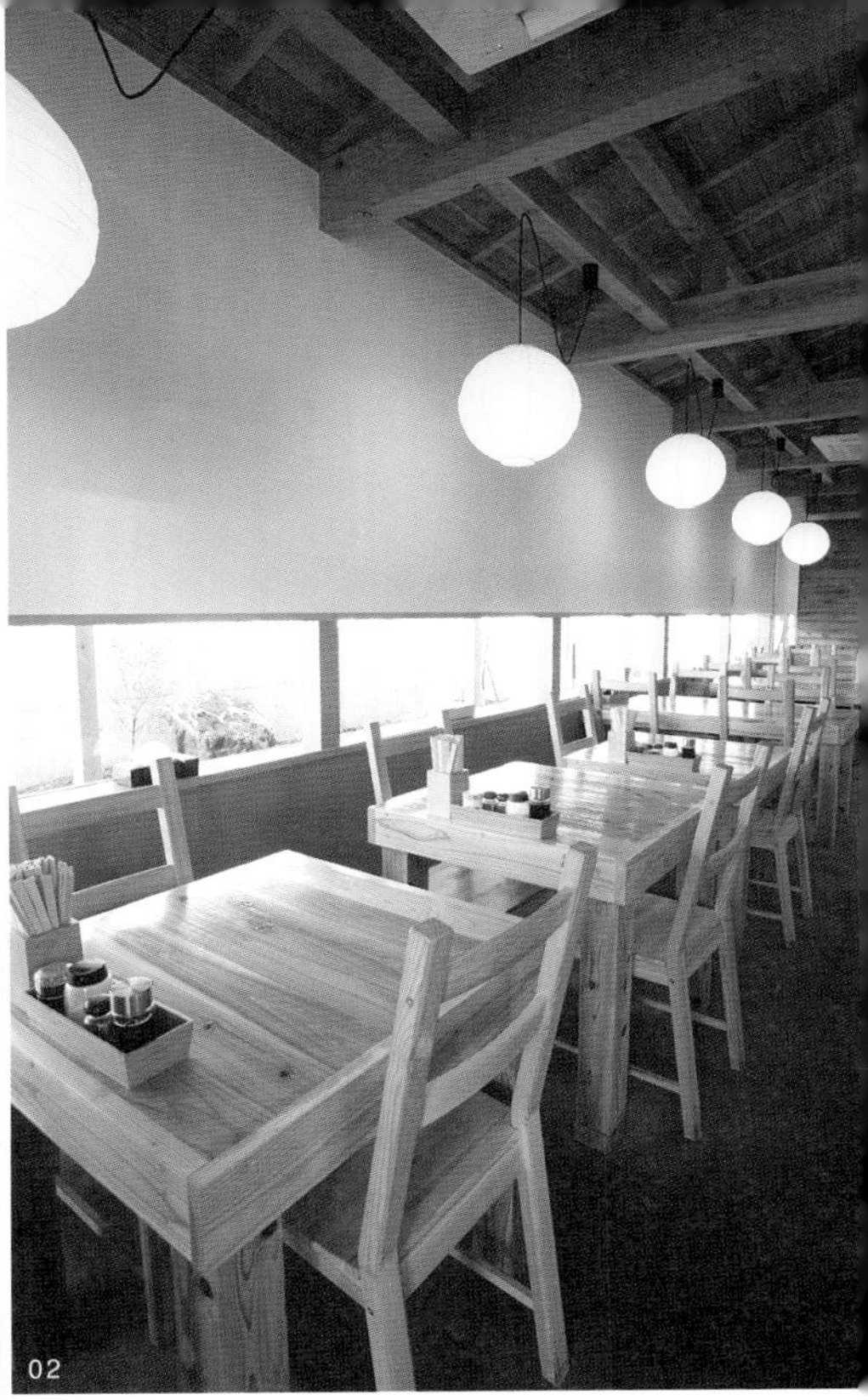

01／北海道内産の蕎麦と、皮ごと挽いた知床斜里産の蕎麦の2種類。合い盛りで風味の違いを楽しんで（1,050円※合い盛りは別途）。02／開放感溢れる空間に木のテーブルが並ぶ癒やしの店内。03／サクサク食感のかき揚げは、新鮮野菜の甘味がおいしい人気メニュー（750円）。04／ゆったりくつろげる個室もあります。05／長く伸びた軒先の前に配された和風の植え込みが、窓からの景色を粋に演出しています。

MENU

LUNCH

Aランチ（蕎麦＋かき揚げ）	¥750
斜里セット（蕎麦＋天丼or海老&野菜天ぷら）	¥1,050

LUNCH&DINNER

もりそば	¥700
そば合い盛り	¥900
きのこ汁そば	¥940
かも汁そば	¥1,090

蕎麦とつゆの絶妙な相性をご堪能ください！

オーナーの福島亮さん

㊟ 太田市大原町1724-4
TEL 0277-47-7570
営 11:00〜14:00、18:00〜20:30（L.O.）
（蕎麦がなくなり次第、終了）
㊡ 日曜
¥ カード使用可 ㊐ 予約可
席 36席、全席禁煙 Ⓟ 14台

| ACCESS |
太田藪塚ICから北へ約1.5km（車で約3分）

熟練の技が生きる
居心地のよいビストロ

長く愛される老舗

ビストロ ファンベック マサミ

カジュアルフレンチ、チーズ料理（桐生市）

01

桐生市の歴史を残す建造物、有鄰館の道を挟んだ向かい側にあるフレンチレストラン。こぢんまりとした店内は、気兼ねない家庭的な雰囲気です。県内屈指のフレンチの名店で経験を積んだシェフの、素材を生かした上質な料理をリーズナブルに楽しめます。

肉魚介のさまざまなメイン料理でおすすめは、国産牛をフランス産の赤ワインで時間をかけ、丁寧に煮込んだ肉料理。香り高く、口の中でほどけるやわらかさは格別な味わいです。選りすぐりのチーズで作るラクレット、オニオングラタンスープ、チーズフォンデュ、ケーキといったメニューもアイデアを盛り込み、さらにチーズ料理の奥行きを広げています。一皿に添える野菜もボリュームたっぷりで食べ応え十分。カジュアルでありながら、培われた技が光る料理が堪能できます。

03

02

04

01／「牛ほほ肉の赤ワイン煮込み」（コースの一例）はコク深く、酸味、甘味が絶妙な味わい。02／古い商家をリノベーションした趣のある店。03／落ち着いた雰囲気の店内。04／手前左は、グリュイエールチーズをたっぷり入れた「オニオングラタンスープ」（セットの一例）、左奥は 8 種類の野菜と厚切りベーコンにチーズをのせた「ラクレットチーズ」（セットの一例）。

MENU

LUNCH

セット	¥1,700
セット	¥2,300
セット	¥3,000

DINNER

コース	¥2,700
コース	¥5,000
コース	¥7,500

気軽に立ち寄れるお店です。心を込めた料理をぜひ味わってください。

コメント／店主の大須賀正己さん
写真／お店の旗

㊟ 桐生市本町2-5-6 ℡ 0277-43-3132
㊔ 11:30～14:00、17:30～20:15
㊡ 水曜
URL http://bistrofinbecmasami.jimdo.com
¥ カード使用不可、スマホ決済ペイペイあり
予 予約可（予約優先）
席 18席、全席禁煙 Ⓟ 6台

ACCESS

桐生駅から北東へ約1.3km（車で約4分）

オニオングラタンスープにときめき、
ビーフシチューに感動
30年来のファンが通い続ける名店

欧風料理 小川亭

おうふうりょうり おがわてい

洋食（桐生市）

01

1984年に創業した、路地裏に佇《たたず》む隠れ家レストラン。店頭に植えられたヤマボウシやヤマモモの巨木が歴史を感じさせます。今は2代目の西村正朗さんが、兄弟子だった初代の味を守り続けています。「都内と桐生市で修業し、1998年に小川亭を引き継ぎました。王道の味は変えず、しかし、時代に合わせてニュアンスチェンジは繰り返しています」と西村さん。特に評判が高いのはビーフシチューです。「赤ワインでなく純米酒を使い、低温で12時間煮込むのが小川亭流。あっさりとした味わいになり、糀の力で肉がホロホロと柔らかく仕上がります」。

もち豚や地鶏のソテーは4種類のソース（ガーリック、マスタード、ジンジャー、デミグラス）から好みの1種を選べます。「皿に残ったソースまで一滴も残さず、パンにつけて召し上がるお客さまがほとんど。うれしいですね」と頬を緩めます。すべての料理を一から手作りし、手間をかけることを厭《いと》わない小川亭の味に魅せられ、20年、30年と通い続ける根強いファンが多いそうです。

03

02

05

04

01／手作りデミグラスソースのやさしい味わいを楽しめる「和牛ほほ肉のビーフシチュー」。02／ 店内は落ち着いた空間。03／出窓からは周囲の緑が望めます。04／もち豚ロースのソテーガーリックソースはパセリの緑色がアクセント。05／毎日20個ものタマネギを使って仕込むオニオングラタンスープ。

MENU

LUNCH ※セットの内容により3段階で値段が異なる

たらばがにのクリームコロッケセット… ¥1,815～¥1,980
自家製煮込みハンバーグセット ……… ¥1,705～¥1,870
海の幸のハンバーグ南仏風セット …… ¥1,870～¥2,035

DINNER

自家製スモークサーモン ………………………… ¥990
赤城のもち豚ロースのソテーガーリックソース … ¥1,320
和牛ほほ肉のビーフシチュー ……………… ¥1,980

安心安全をモットーに、ソースやドレッシング、コンソメまで、時間をかけて手作りしています。

オーナーシェフの西村正朗さん

㊟ 桐生市堤町2-9-9 ℡0277-46-0669
㊔ 11:30～14:00、17:30～21:00
㊡ 火曜
¥ カード使用不可 ㊰予約可
席 22席 Ⓟ12台

| ACCESS |
丸山下駅から北東へ約250m（徒歩で約3分）

のこぎり屋根の古民家でいただく
桐生川源流水でつくる湯葉ランチ

若宮

わかみや

和食(桐生市)

リノベーション・古民家

01

以前、縫製工場だったのこぎり屋根の建物を改修した手作り豆腐と湯葉の店「若宮」。高い天井と立派な梁《はり》、大きな囲炉裏《いろり》は一見の価値があります。

メニューは「おまかせ湯葉ランチ」のみ。その名の通り、内容は店主の岸さんにおまかせです。「白和え、さしみ湯葉は毎回登場しますが、ご飯は湯葉寿司の日もあれば、湯葉の混ぜご飯の日もあります。メインの豆腐料理や汁物も日替わりなんですよ」と言います。

岸さんのモットーは「丁寧に一から手作りすること」。国産の有機栽培大豆と桐生川源泉の清廉な水、そして本にがりだけを使用し、朝5時から仕込みをスタートします。気温や湿度によって、大豆を煮る時間や火加減、にがりを打つタイミングを調整するのだそう。店の一角には小さな売店があり、こだわりたっぷりの豆腐や湯葉、油あげなどを販売。お土産に購入する人が多いそうです。

01／手作りの温かみを感じる「おまかせ湯葉ランチ」（1,650円）。02／昭和20年代に建てられたのこぎり屋根の工場をリニューアルした店舗。03／入り口を入ると大きな囲炉裏《いろり》がお出迎え。04／売店で販売されているトウガラシ入り油あげ（右）と、湯葉がたっぷり入った若宮揚げ（左）。

MENU

LUNCH

おまかせ湯葉ランチ	¥1,650

TAKE OUT

湯葉入り五目いなり寿司（5個）	¥630
豆腐（寄せ、木綿）	¥230
生食油あげ	¥200
白あえ	¥280
さしみ湯葉	¥380

平成7年に開店し、四半世紀が経ちました。これからも真面目に豆腐や湯葉を作っていきます。

コメント／店主の岸てる美さん
写真／こだわりの手作り豆腐

(住) 桐生市東5-4-27 (TEL) 0277-43-0578
(営) 11:30～14:00※ディナーは要予約
(休) 月曜、火曜
(URL) https://wakamiya-kiryu.gorp.jp/
(¥) カード使用不可 (予) 予約可
(席) 47席、全席禁煙
(P) 25台

ACCESS

桐生駅から東へ約1.7km（車で約8分）

丘の上に広がる異空間
リゾート気分でくつろぐひととき

大人な時間

La Porte
ラ ポルト

フレンチ（みどり市）

01

みどり市の里山の麓、1,500坪の広大な敷地にリゾートホテルのような瀟洒《しょうしゃ》な建物が建っています。ここは、フレンチに和やアジアの要素を取り入れた創作料理を提供する「ラ ポルト」。

店内はファンタジック、シック、カラフルなど、インテリアの雰囲気が異なる五つのゾーンに分かれています。好みの空間を選べるのはうれしいポイントです。

料理はブイヨンもソースも一から手作りします。「お腹も心も満足いただきたい」という想いから、一皿一皿ボリュームたっぷりに仕上げているのが特長です。ランチ、ディナーともに、前菜、主菜、デザートを数種類からチョイスできるお得なセットを用意。主菜ではオマール海老や牛フィレとフォアグラの料理が人気だそうです。

街並みの雑踏から解き放たれた異空間で、美味に酔いしれる…特別な時間を味わってはいかがでしょう。

05

03

04

06

02

01／オマール海老を2尾使った「オマール海老と活帆立貝のアメリケーヌソース」(2,728円)。02／ボリューム満点でデザートまで付いたBランチ（2,197円）。03／アーティスティックなノンアルコールドリンク。04／落ち着いたインテリアのゾーン。05／ワインが飾られたレセプション。06／水色の扉が印象的なゾーン。

MENU

LUNCH

Bランチ	¥2,197
ランチフルコース	¥4,000

DINNER

シェフのおすすめフルコース	¥5,500
カジュアルセット	¥3,300～
オマール海老と活帆立貝のアメリケーヌソース	¥2,728
特選牛フィレとフォアグラのロッシーニ風	¥3,058

㊟ みどり市笠懸町阿左美3398-1
℡ 0277-46-7110
㊇ 11:00～15:00、
17:30～23:00（L.O.22:30）
㊡ 水曜
㊎ カード使用可 ㊒ 予約可
㊛ 98席、全席禁煙 Ⓟ 68台
※小学生以下のお子さまのご利用は、
ご遠慮いただいております。

| ACCESS |

阿左美駅から南へ約700m（徒歩で約9分）

4名から36名まで対応の個室3室をご用意しています。会食、パーティーなどさまざまな用途にご利用ください。

店長の柏原康宏さん

大切な人と過ごしたい
やさしい味が思いを紡ぐ、心と体に癒やしの時間

大人な時間

La maison de Takakusagi

ラ メゾン ド タカクサギ

フレンチ(みどり市)

01

くるみやトマト、生ハム、バジルの葉が色鮮やかにトッピングされた、ケーキのように可愛いらしいキッシュがショーケースに並ぶ「ラメゾンドタカクサギ」。ふわふわサクサクの食感と素材の旨味がギュッと詰まったやさしい味わいが楽しめる全粒粉のキッシュは、オープン当時よりずっと変わらない定番メニューです。２０１９年よりテイクアウトにも対応。香ばしく焼き上げた季節感のあるキッシュを、大切な人へのお土産や自分へのご褒美にも利用できます。

オーナーシェフの髙草木繁さんは「カジュアルなカタチですがコース仕立てなので、ソースからしっかり作りこんだお料理をゆっくり楽しんでいただきたいと思っています」と話します。こだわってきたのは、続けること。「5年後、10年後に残していけるような、自分で食べておいしいと思ったものを提供し、次につなげるよう心がけています」と、ひたむきに料理と向き合います。

01／活オマール海老のサラダ仕立て ビネガーソース。02／宮城県産カキを2種の調理法で。03／小麦粉を使わず全粒粉で作られたキッシュは、糖質制限中の方にもうれしい一品です。04／イトヨリダイのポアレ 季節野菜を添えて。05／テイクアウトできるキッシュがケーキのように並ぶショーケース。06／木のぬくもりを感じる明るい店内。

MENU

LUNCH

プレジール	¥1,650
ラ・メゾン	¥2,200
限定ランチ（デザート付2,035円）	¥1,650

DINNER

プレジール	¥3,300
ラ・メゾン	¥4,620
シェフのおまかせフルコース	¥6,600

旬の地野菜をふんだんに使用し、見た目にも身体にもやさしいお料理を提供いたします。

オーナーシェフの髙草木繁さん

㊟ みどり市笠懸町久宮370-6 ℡ 0277-46-6973
㊫ 11:30〜14:00（L.O.）、17:30〜21:30（L.O.20:00）
㊡ 月曜
URL フェイスブック・インスタグラムあり
¥ カード使用可 ㊩ 予約可
席 16席、全席禁煙 Ⓟ 40台

| ACCESS |

太田藪塚ICから北へ約3km（車で約5分）

自然派ワインと引き立て合う食事を味わう
心地よい時間が流れるビストロ

大人な時間

ビストロ タブレ

ビストロ(館林市)

01

03

04

02

徳川綱吉ゆかりの城下町、館林。歴史を語る建造物や景観が残る歴史の小径沿いにある小粋なビストロです。カウンター、小さなテーブル、ギンガムチェックのテーブルカバーと、デザインも内装もパリの街角にありそうな雰囲気の店で、ワインと小皿料理が楽しめます。

健全な土壌を作り、化学肥料に頼らず自然の力で育った野生味のあるぶどうで作られたフランス産ナチュラルワインをそろえていて、ワイン通を魅了しています。毎日変わるリストには入手困難な名前も並びます。店長は都内の有名フレンチレストランを経て、現在は市内で絶大な人気を誇るおしゃれなレストラン「ロートルメゾン 西ノ洞」のシェフも兼ねる家中隆司さん。家中さんがもてなすのは、熟成バランスと塩味抜群のパルマの生ハム、群馬県産ブランド豚肉のレバーを練り込み絶妙に焼いたパテなど、選りすぐりの素材で作

01／ワインにぴったりな生ハムとパテ。ふらっと立ち寄り、フランスのビストロの雰囲気を楽しめます。02／フランス産ナチュラルワイン。ボトル注文なら残りはお持ち帰りできます。03／小粋でクラシカルな椅子と調度品。04／味わいのある木彫の看板。05／人気イベント「満月ワインバー」は、早めに予約を。

05

06

08

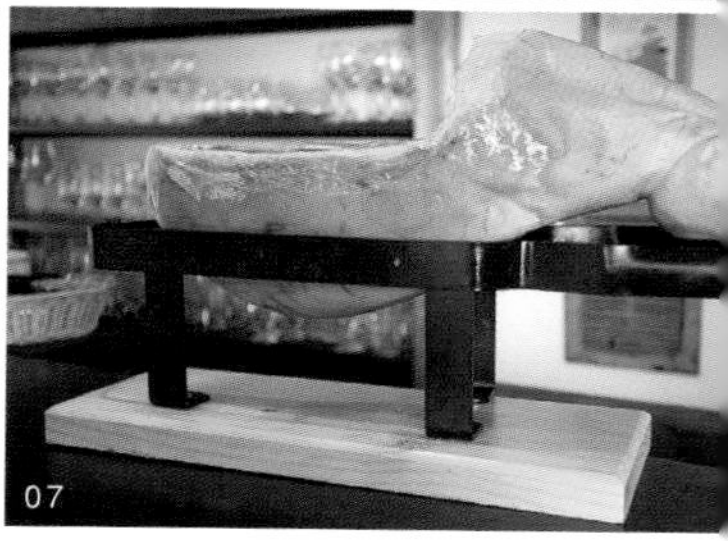

07

る料理で、その日のワインの味を引き立てるラインナップです。

「酔うためより、ワインと料理の時間を楽しんでもらえたら」という思いから、イベントも企画しています。満月の日にボトリングしている生産者が多いなど、月の満ち欠けとワイン造りの密接な関係から、満月の日にワインを楽しむ「満月ワインバー」を開催。10種類のワインを並べ、飲み放題におつまみもついて3,000円で参加できます。手酌でスタンディング形式というカジュアルさが大好評で、予約はあっという間に埋まってしまうそうです。さまざまなワインを味わいたいワイン初心者にもおすすめの催しです。テーブルチャージ料もなく、飲み残しのワインボトルは持ち帰りもできます。一人でも気兼ねなく、会話を弾ませ友達と一緒にも、ふらっと立ち寄れるお店です。

06／会話が弾みそうなカウンター。07／世界三大ハムの一つ、熟成したイタリア産パルマの原木生ハム。08／芳香で風味の良いスライス仕立ての生ハム（1,100円）。09／選りすぐりが並ぶ本日のワインリスト。10／舌触りがなめらかなパテ・ド・カンパーニュ（880円）。11／玄関前でワインボトルがお出迎え。

MENU

DINNER

鶏白レバーペースト	¥550
パテ・ド・カンパーニュ	¥880
原木生ハムの切り落とし	¥1,100
アンディーヴとりんごブルーチーズのサラダ	¥990
国産牛ステーキ	¥2,420～
ワイン・グラス	¥550～

自然派のワインを取りそろえてお待ちしております。気軽にお越しください。

(住) 館林市大手町6-41 西ノ洞ガーデン
(TEL) 0276-72-3030
(営) 18:00～22:00
(休) 水曜
(URL) フェイスブック・インスタグラムあり
(¥) カード使用可 (予) 予約可（電話）
(席) 16席、全席禁煙 (P) 10台

| ACCESS |

館林駅から東へ約1.2km（車で約5分）

コメント／店長の家中隆司さん
写真／お店のドア

素材の持ち味を生かした料理を
世界中のワインに合わせて

リノベーション・古民家

BISTRO SUGIE

ビストロ スギエ

フレンチ（館林市）

01

館林市の旧市街地、大通りから一方通行の細い路地を道なりに進んでいくと、昭和レトロな「BISTRO SUGIE」が姿を現します。趣のある建物は、55年近く地元で愛され続いたお蕎麦屋さんをリノベーションしたもの。「建物に歴史があり、ぬくもりを感じますよね。大切にしたいと思ったんです」とオーナーの杉江由久さん。店内の壁にかかる時計も、当時のままに時を刻みます。

国内調達が困難なものを除き、食材はすべて国産にこだわり、野菜や豚肉は地元群馬県産のものを使用。牛ホホ肉の赤ワイン煮込みは、この場所だから手に入れることができる、フレッシュな冷凍していない肉を使い、5日かけて仕上げます。「素材の状態は、日々変わるものです。それを見抜き、旨味を最大限引き出す調理を心掛けています。おいしいものを食べたいときに日常使いしてもらえるような、庶民的なお店でありたい」。

05 03 04 06 02

01／牛ホホ肉の赤ワイン煮込み（3,300円）とパテ・ド・カンパーニュ サラダ添え。02／シェフの料理を作る様子を眺め会話も楽しめるカウンター席。03／歴史を感じさせる佇《たたず》まいの外観。04／赤を基調とした店内。05／選ぶ楽しさも味わえるよう世界中のワインを取りそろえています。06／自家製ハムとポークリエット サラダ添え。

MENU

LUNCH

Aコース	¥1,848
Bコース	¥2,288

DINNER

豊洲直送本日鮮魚のポワレ	¥1,650
フランス産鴨胸肉のロースト	¥3,080
牛ホホ肉の赤ワイン煮込み	¥3,300

基本を忠実に、誠実に、無添加にこだわり、日々修業させていただいております。

コメント／オーナーの杉江由久さん
写真／店内の古時計

(住) 館林市大手町7-36 (TEL) 0276-55-8283
(営) 11:30～15:00（L.O.14:00）、18:00～21:30（L.O.20:30）
(休) 日曜、不定休あり
(¥) カード使用不可 (予) 予約可 (席) 20席、全席禁煙
(P) 10台（満車の場合は、隣接する市営大手町無料駐車場をご利用ください）

| ACCESS |
館林駅から東へ約900m（徒歩で約12分）

心も体も温まるおもてなしで
大切な人との時間を演出

おいしいワインとあらかると料理の店 café風

カフェかぜ

リノベーション・古民家

イタリアン（沼田市）

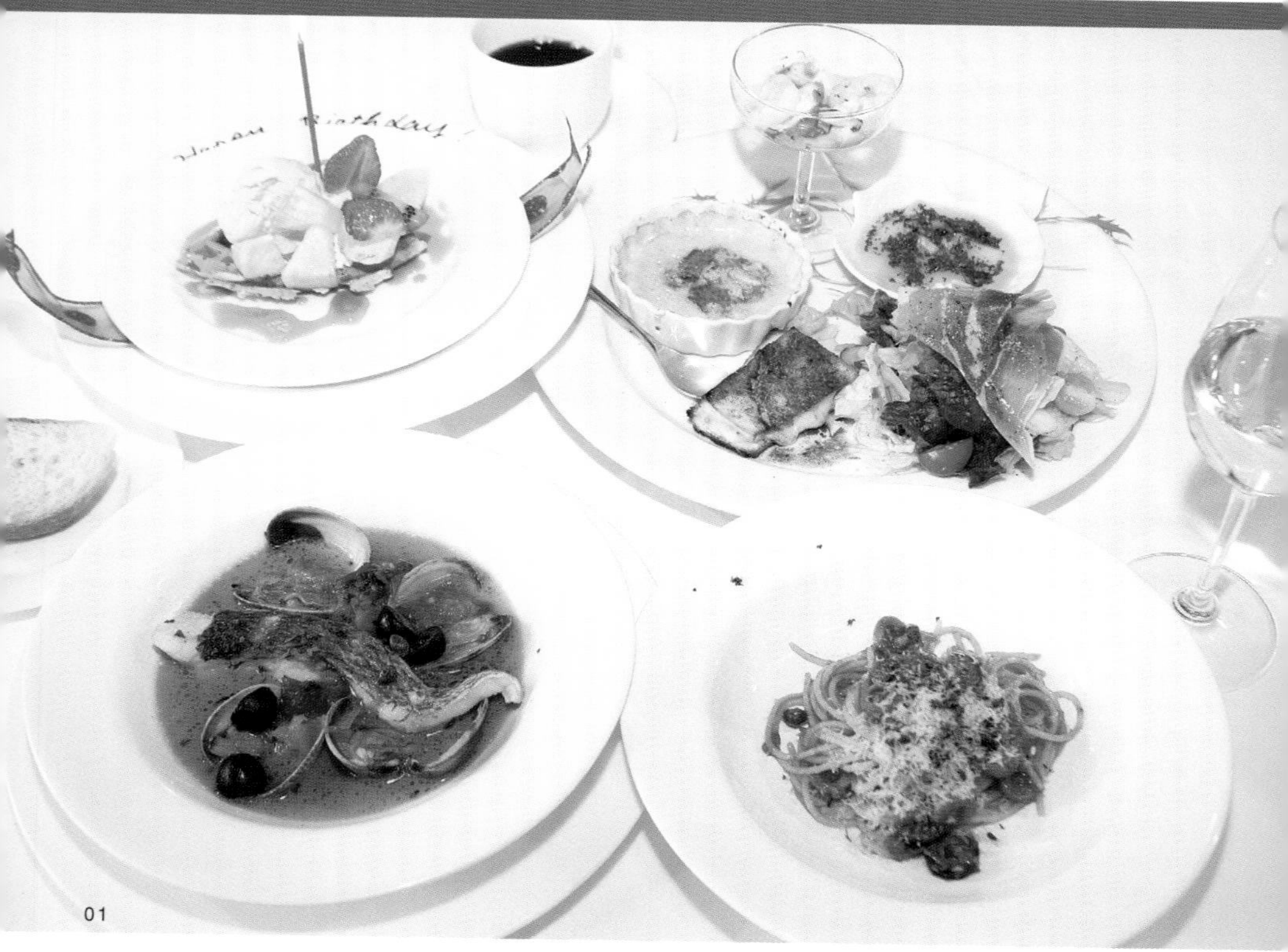

01

懐かしさ漂う古民家風レストラン。大人同士で食事を楽しみながらゆったりとした時を過ごしてほしいと、来店は18歳以上に限定。落ち着いた雰囲気の中で、親しい人との食事を堪能できます。

メニューは、地元産の新鮮な野菜など、季節の元気な食材をふんだんに使ったイタリア料理。素材本来の味を生かしたシンプルな味の中にも、丁寧に心を込めて調理されたことが感じられます。

ランチタイムには、ゆっくり時間をかけて味わえる「のんびりランチコース」や、ディナーと同じメニューを楽しめる「ランチディナーコース」もあり、贅沢感たっぷり。夜は、コースのほか、アラカルト料理を豊富に用意。ワインのラインナップも充実しています。

特別な日の食事に、おもてなしの心で提供する料理と空間が、かけがえのない時間を演出してくれるでしょう。

03

02

05

04

01／お腹も心も満たされる「のんびりランチコース」。02／趣味で集めたという骨董品が懐かしい雰囲気を醸し出す店内。03／「真鯛のアクアパッツァ」は、アラカルトでも提供（1,320円）。04／シャキシャキ新鮮野菜のおいしさが際立つバーニャカウダ（2,200円）。05／ノスタルジックな雰囲気漂う外観。

MENU

LUNCH

ランチセット ………………………… ¥1,100～1,760
プチランチコース ……………… ランチセットに+¥1,000
のんびりランチコース（2名より要予約）……… ¥2,750

DINNER

アラカルト ……………………………… ¥650～2,200
ディナーコース ……………………… ¥3,300～5,500
ワイン …………………… グラス ¥660／ボトル ¥3,700～

当たり前のことをシンプルにやり続けて24年。感謝を込めたおもてなしをさせていただきます。

コメント／オーナーシェフの篠田裕一さん
写真／骨董品のレジスター

(住) 沼田市鍛冶町987 (TEL) 0278-22-0076
(営) 11:30～14:00（L.O.13:30）、
17:30～21:00（L.O.20:00）※日曜・祝日は20:00（L.O.19:00）
(休) 火曜
(URL) http://kaze.today
(¥) カード使用可 (予) 予約可（夜は、当日15時までに要予約）
(席) 18席、全席禁煙 (P) 8台

| ACCESS |

沼田駅から東へ約1.3km（徒歩で約15分）

INDEX

取材執筆／薊 育子　阿部 奈穂子　飯野 由実子　伊能 明美
江原 由理子　野本 恵子　林 道子　依田 直子
撮　　影／伊東 真理（p.54 ～ 57）
編　　集／柴田 亮子
デザイン・DTP ／ゆたり編集室
地　　図／今野 絵里菜

群馬 こだわりの美食 GUIDE
至福のランチ & ディナー

2020 年 7 月 30 日 第 1 版・第 1 刷発行

著　者　ゆたり編集室
発行者　株式会社メイツユニバーサルコンテンツ
（旧社名：メイツ出版株式会社）
代表者　三渡 治
〒102-0093 東京都千代田区平河町一丁目 1- 8
TEL：03-5276-3050（編集・営業）
03-5276-3052（注文専用）
FAX:03-5276-3105
印　刷　株式会社厚徳社

ISBN978-4-7804-2324-2 C2026 Printed in Japan.

ご意見・ご感想はホームページから承っております。
ウェブサイト　https://www.mates-publishing.co.jp/

編集長：折居かおる　副編集長：堀明研斗　企画担当：堀明研斗